hänssler

Harry Müller

Fürchte dich nicht – lebe!

Die Kunst, Ängste zu überwinden und
ein befreites Leben zu führen

Die in diesem Buch besprochenen Hilfestellungen sind nicht als Ersatz für eine ärztliche oder seelsorgerliche Betreuung gedacht. Bitte wende dich bei allen gesundheitlichen Fragen an deinen Arzt – insbesondere dann, wenn körperliche Warnzeichen vorliegen. Bei starken psychischen Symptomen ist die Konsultation eines erfahrenen Therapeuten unbedingt empfehlenswert.

2. Auflage 1999, Hänssler Verlag, D-71087 Holzgerlingen
hänssler-Paperback
Bestell-Nr. 392.787
ISBN 3-7751-2787-9

Umschlaggestaltung: Christine Paxmann, München
Fotos: Bildagentur Mauritius: S. 10;
Beate Binder: S. 50;
Micha Pawlitzki: S. 28, 76, 100, 126, 152, 168
Wo nicht anders angegeben, folgen die Bibelzitate der Gute-Nachricht-Übersetzung.
Satz: AbSatz Ewert-Mohr, Klein Nordende
Druck und Verarbeitung: Ebner Ulm
Printed in Germany

Die Angst ist der Katalysator der Suggestion, und die Suggestion sät tausenderlei hartnäckige und absurde Ängste in das Herz der Menschen, sogar der gescheitesten und mutigsten.

Paul Tournier

Der Autor

Harry Müller, Jahrgang 1950, ist in Zürich aufgewachsen und hat in den USA studiert (B.A. Florida Bible College, M.A. Dallas Theological Seminary). Er ist Gründer und Pastor der Evangelischen Gemeinde in Albisrieden in Zürich, einer Freikirche, die sich dem reformatorischen Bekenntnis verpflichtet weiß und nach sucherorientiertem Konzept aufgebaut ist.

Seine Bücher und Zeitschriften-Beiträge legen schwerwiegende Wahrheiten leichtverdaulich dar und machen kritische Themen zum Lesevergnügen. In Deutschland wurden seine ersten drei, im Hänssler-Verlag erschienenen Bücher zu Bestsellern.

Treue Helfer

Erwin Lutzer, Paul Tournier und Rick Warren verdanke ich wertvolle Einsichten und hilfreiche Ideen bei der Entstehung dieses Buches. Dr. Friedemann Lux, mein Lektor, Jane Wirz, meine Sekretärin und Joanne, meine Frau, gehören zum bewährten Team, dessen Mitarbeit mir viel bedeutet.

Übersicht

michael und viviane kotsch gewidmet

Blick in den Abgrund

Angst gehört zu den modernen Krankheiten, über die keiner spricht. Es ist jenes unheimliche Gefühl, das an der Seele nagt und uns in ein tiefes Loch stürzen kann. Dreizehn Prozent der deutschen Bevölkerung erleben im Laufe ihres Lebens spontane Angstanfälle. Manchmal treten die Attacken nur in bestimmten Lebensabschnitten auf und verschwinden wieder. Bei acht Prozent aber wird die Angst zum ständigen Begleiter. Etwa sechs Millionen Deutsche leiden an einer Angststörung, die behandlungsbedürftig ist. Das Spektrum reicht von der konkreten Furcht vor einem bestimmten Gegenstand bis zur gegenstandslosen Lebens-, Existenz- und Weltangst, von der bloßen Furchtsamkeit bis zur krankhaften Angst, der Phobie. Angesichts der Fülle dieser frei flottierenden Ängste, die wir meist vor unserer Umwelt geheim halten, ist die Auseinandersetzung mit dem Thema dringend. Das vorliegende Buch präsentiert eine begrenzte Auswahl von beklemmenden Erfahrungen, offeriert Lösungsansätze und unterscheidet sich von andern Ratgebern durch den Realitätsgehalt, gepaart mit lebensnahen Projekten.
Oft entzieht sich Angst unserem Willen. Man kann sie verdrängen, aus der Welt schaffen kann man sie nicht. Man kann sich mit ihr abfinden, aber das ist kein Sieg. Ich bekenne gerne, dass ich immer noch lerne, meine Ängste einzugestehen, um mich nicht in der trügerischen Hoffnung zu wiegen, ihnen entkommen zu können. Es gibt kein Entkommen – aber es gibt einen Gott, der den Mut schenkt, der Angst ins Auge zu schauen. Diesen Mut wünsche ich dir und mir.

Zürich, im Frühjahr 1998

1. ANGST VOR DER ANGST

Matthäus 28,5

Ann Landers, die bekannte Kolumnistin mehrerer großer Tageszeitungen in den USA, erhält jede Woche rund 10 000 Leserbriefe. Einmal wurde sie gefragt: »Welches ist das häufigste Problem, mit dem Sie konfrontiert werden?« Ohne einen Moment zu zögern, sagte sie: »Angst«. Wir leben tatsächlich im Zeitalter der Angst. Eine Studie demonstrierte das deutlich: 500 Menschen wurden über ihre Besorgnisse befragt. Die Liste ergab mehr als 7000 verschiedene Ängste, im Durchschnitt sind das vierzehn Ängste pro Person.

> Es gibt nichts, wovor Menschen nicht Angst haben: Ablehnung, Abhängigkeit, Aids, Alter, Arbeitslosigkeit, Bakterien, Chef, Coming out, Dämonen, Einsamkeit, Examen, Enge, Fundamentalismus, Gericht, Gott, Hunger, Hingabe, Höhe, Hölle, Islam, Justiz, Krebs, Leben, Liebe, Mundgeruch, Menschen, Nähe, Ozon, Operationen, Pleite, Qualifikation, Radar, Radioaktivität, Sekten, Schwangerschaft, Spinnen, Trennung, Tod, Umweltzerstörung, Väter, Versagen, Versuchung, Verwässerung, Wahrheit, Weltuntergang, Zeugnisgeben, Zahnarzt ...[1]

Angststörungen sind weiter verbreitet, als die meisten von uns ahnen. Es gibt zahllose unterschiedliche Ausprägungen dieses diffusen Gefühls: von Beklemmung bis Schrecken, von Sorge bis Grauen, von Furcht bis Entsetzen. Auch die Scham gehört dazu, die Furcht vor Bloßstellung. Es gibt die sehende und die blinde, die weise und die törichte, die leise und die lärmende, aber auch die liebende, die mitleidige und die mutige Angst. Paul Tournier sagte: »Die Angst ist der Katalysator der Suggestion, und die Suggestion sät tausenderlei hartnäckige und absurde Ängste in das Herz der Menschen, sogar der gescheites-

1 Magazin W5, 1/1996, S. 5, »Angst essen Seele auf.«

ten und mutigsten.« Der berühmte Genfer Arzt hat Recht: Unsere zahlreichen Angstsymptome reichen sich die Hand, bis hin zu jener »Angst vor der Angst«, die in das Absurde führt. Angst kann einen Menschen buchstäblich terrorisieren. Die Experten versichern uns, dass es Millionen von Leuten gibt, die unter diesem quälenden Gemütszustand leiden.

> Schon längst ist die Angst bei uns zu einem Massenphänomen geworden, zu einem Seelenproblem von größerer Tragweite als die Depression: »Jeder dritte Deutsche, also rund 25 Millionen Männer und Frauen, macht sich mit einer übertrieben ängstlichen Grundhaltung, mit übersteigerter Furcht vor Kritik, vor Dunkelheit oder Gewitter, durch Angst vor Versagen oder vor einer Krankheit, das Leben schwer. Fünf Millionen Deutsche leiden unter starken Phobien, der Furcht vor einem – objektiv ungefährlichen – Gegenstand, einer Situation, einem Tier. Schon beim Anblick einer Taube, eines Hundes oder einer Spinne befällt sie das große Zittern. Das Überqueren der Straße, das Befahren einer Brücke wird für sie zur Höllenqual. Andere fürchten eine Blamage so sehr, dass sie sich nicht trauen, in der Öffentlichkeit zu essen, zu trinken oder zu sprechen. Mehr als zwei Millionen Bundesbürger zeigen bei ständig wiederkehrenden heftigen Panikattacken dramatische Symptome: Herzrasen, Schwindel- und Ohnmachtsanfälle, Kälte- und Hitzeschauer, Übelkeit bis zum Erbrechen, Erstickungsgefühle. Erstaunlich ist: Viele wissen gar nichts von ihrer Furcht. Ihre Seele verdrängt den Horror, doch der Körper reagiert – mit Magen- oder Herzbeschwerden, Rücken- oder Kopfschmerzen, Darmproblemen oder Rheumaanfällen.«[2]

Die Volkskrankheit Angst zählt weltweit zu den häufigsten psychischen Erkrankungen.[3] Sie kann sich als Depression nach innen oder als Hass nach außen wenden, sie lähmt oder sie peitscht auf, sie kann für die einen zur qualvollen Geißel, für

2 Marie Claire, 11/1993, S. 172, »Schreck lass nach.«

3 Die Statistiken sprechen dabei eine deutlich geschlechtsspezifische Sprache: Frauen leiden sehr viel stärker an Angststörungen als Männer – doppelt bis dreimal so häufig. Da sich die Geschlechter bezüglich einer angeborenen Angstbereitschaft aber nicht unterscheiden, führen Psychologen diese Diskrepanz auf unterschiedliche Erziehungsbedingungen zurück.

die anderen zur manipulierenden Waffe werden. All das ist Grund genug, sich mit diesem emotionalen Zustand näher zu befassen.

DIE GANZE BANDBREITE

Angst und Furcht sind an sich natürliche Reaktionen auf eine wahrgenommene Bedrohung. Streng genommen müssten die beiden Begriffe eigentlich voneinander getrennt werden. *Angst* wird durch eine vage oder unklare Bedrohung ausgelöst, während die *Furcht* auf eine klare, konkrete Bedrohung zurückgeht. Doch in der Praxis empfinden wir die ausgelösten Symptome gleichermaßen unangenehm. Die undefinierbare Angst, dass einem irgendetwas zustoßen könnte, ist genau so widrig wie der Adrenalinschub, den man in einem schleudernden Fahrzeug auf nasser Fahrbahn verspürt. Angst und Furcht lösen dieselben psychischen Symptome aus: Hilflosigkeit, Verwirrtheit, Unruhe und negative Gedanken.
Angstprobleme treten in verschiedenen Formen auf, die sich gruppieren lassen. Therapeuten unterscheiden:

1. Allgemeine Angststörung

Wenn sich irreale oder übertriebene Angstzustände über einen längeren Zeitraum erstrecken und sich auf eine bestimmte Lebenssituation beziehen, so wird von einem generalisierten Angstsyndrom gesprochen. Das kann zum Beispiel die ständige Sorge über eine mögliche Erkrankung eines völlig gesunden Kindes sein oder die unbegründete Furcht vor dem Verlust des Arbeitsplatzes.[4]

4 Es wird geschätzt, dass etwa zehn Prozent der Patienten mit Herzerkrankungen an einer Angststörung leiden.

2. Panikstörung

Das wichtigste Merkmal einer Panikstörung ist das plötzliche Auftreten eines starken Angstanfalles. Ohne dass eine realistische äußere Bedrohung oder eine körperliche Ursache vorliegt, empfindet der Betroffene intensive Angst. Das Gefühl von Unwirklichkeit, die Furcht zu sterben, verrückt zu werden oder etwas Unkontrolliertes zu tun, plagt die Betroffenen. Fachleute sagen, dass Panikstörungen bei Frauen häufiger als bei Männern auftreten.

3. Phobische Störung

Phobien sind charakterisiert durch ein ständiges Vermeidungsverhalten. Die Orte, Situationen oder Objekte, die gemieden werden, sind von Person zu Person verschieden. Von einer Phobie wird erst gesprochen, wenn die Vermeidungstendenz so stark ist, dass der Alltag des Betroffenen gestört wird. Bekannte Formen der Phobie sind:

- *Agoraphobie:* die irrationale Angst, eine vertraute Umgebung zu verlassen und unter fremden Menschen zu sein.
- *Klaustrophobie:* die irrationale Angst vor geschlossenen Räumen und Fahrstühlen.
- *Soziale Phobie:* die irrationale Angst, sich in geselligen Situationen zu blamieren, Errötungsangst, gehemmtes Verhalten, Furcht vor öffentlichen Auftritten.
- *Aviophobie:* die irrationale Angst vor dem Fliegen.[5]

[5] Da in jedem Lebensbereich phobische Reaktionen möglich sind, gibt es unzählige individuell mögliche Einzelphobien; klinisch bedeutsam sind etwa 200 Varianten. Wie bei allen Angststörungen sind auch bei den Phobien die Grenzen zwischen normaler und krankhafter Furchtreaktion fließend.

4. Zwanghafte Störung

Zwangsvorstellungen sind durch ständig wiederkehrende Gedanken, Ideen oder Impulse gekennzeichnet. Nicht nur Gedanken, sondern auch Handlungen können sich in ritualisierter Form zwanghaft wiederholen. Zu den häufigsten Zwangshandlungen gehören Händewaschen, Nachzählen, Überprüfen und Berühren. In leichter Form sind solche Zwänge weit verbreitet. Erst wenn sie zu psychischen Störungen führen, werden sie zum Problem.[6]

5. Posttraumatische Störung

Solche Störungen treten in Reaktion auf ein bestimmtes, als traumatisch empfundenes Ereignis auf. Der Stressor ist identifizierbar: eine schreckliche Erfahrung, die in immer wiederkehrenden Bildern und Alpträumen lebendig bleibt, eine Vergewaltigung, eine schwere Operation, ein Unfall oder ein anderes schlimmes Ereignis. Der emotionale Schmerz kann zu Schlaf- und Konzentrationsstörungen führen.[7]

Für die persönliche Entscheidung darüber, ob ein Angstgefühl normal, auffällig oder krankhaft ist, sollte man sich überlegen: Wie stark leide ich unter meiner Angst? Um das zu beantworten, sind weitere Fragen nötig: Ist durch die Angst meine Lust am Leben beeinträchtigt? Kann ich meinen beruflichen oder privaten Verpflichtungen nicht mehr nachkommen? Muss ich deswegen unnötige, erhebliche Nachteile in Kauf nehmen? Werden diese Fragen mit Ja beantwortet, ist die Angst mindestens auffällig.

6 Neuere Forschungen legen nahe, dass zwanghafte Störungen möglicherweise biologische Ursachen haben. Ein Zwangssyndrom sollte therapeutisch behandelt werden.

7 Für weitergehende Erklärungen siehe Huber, Andreas. *Stichwort Angst.* Wilhelm Heyne, München, 1995.

Biblisch gesehen, gehören bestimmte Angstgefühle unvermeidlich zu unserem Leben, ja, sie begleiten uns von der Geburt bis zum Tode.

Im Griff der Angst

Das Wort »Angst« erscheint mindestens 98-mal in der Bibel. Es wäre eine Illusion, zu denken, ein Leben ohne Angst sei möglich. Christus selbst hat gesagt:

> *In der Welt habt ihr Angst; doch seid getrost, ich habe den Sieg über die Welt errungen. (Johannes 16,33 b Wilckens)*

Das Wort »Angst« kann in Johannes 16 auch mit »Bedrängnis«, »Betrübnis« oder »Leid« übersetzt werden. Es geht nicht um irgendwelche kleinen Unpässlichkeiten, sondern um ernsthafte Situationen, die in uns Schrecken auslösen.
Die Folgen von Angstzuständen können gravierend sein:

1. Angst raubt Kraft

Angst ist wie ein Räuber. Kraft, Energie und Leistungsfähigkeit gehen verloren, weil das Gefühl der Furcht eine lähmende Wirkung hat. Angstblockaden können unseren Alltag beeinträchtigen. Das kann so weit führen, dass ein Mensch sich sozial isoliert. So erging es den Jüngern nach der Auferstehung:

> *An diesem Sonntagabend hatten sich alle Jünger versammelt. Aus Angst vor den Juden ließen sie die Türen fest verschlossen. Plötzlich war Jesus bei ihnen. Er trat in ihre Mitte und grüßte sie: »Friede sei mit euch!« (Johannes 20,19 Hoffnung für alle)*

Die Szene in Jerusalem war trist. Da hockten die Apostel und mit ihnen eine Gruppe von Jüngern verängstigt zusammen. Eigentlich ist das verständlich, denn die ganze Stadt war in Aufruhr. Aus Furcht davor, was ihnen, den Nachfolgern des Naza-

reners, angetan werden könnte, hatten die Jünger die Türen abgeschlossen.
Frage: waren diese Türen von innen oder von außen verriegelt? Was denkst du?
Natürlich hatten die Jünger sich selbst eingeschlossen, sie drehten den Schlüssel von innen. Angst tut genau dasselbe: Sie kapselt ab. Angst ist oft ein selbst verursachtes Gefängnis.

2. Angst ruiniert Beziehungen

Mit Angst sind oft auch Kommunikationsstörungen verbunden. Wir schämen uns, das mitzuteilen, was uns plagt; wir haben das Bedürfnis, uns zu tarnen. Dieser Mechanismus lässt sich schon im Garten von Eden beobachten. Die ersten Menschen versteckten sich spontan, nachdem sie Gottes Gebot übertreten hatten:

> *Aber Gott rief den Menschen: »Wo bist du?« Der Mann antwortete: »Ich hörte dich kommen, da bekam ich Angst und versteckte mich, weil ich nackt bin!« (1. Mose 3,9-10)*

Adam versteckte sich aus Angst. Wir tun das heute noch, nur gehen wir anders vor. Wir tragen Masken, wir vertuschen das Peinliche und überspielen das Schmerzliche. Angst will die Wahrheit unter Verschluss halten, denn die Wirklichkeit ist zu beschämend. Aus Furcht lügen wir, und das belastet unsere zwischenmenschlichen Beziehungen. Angst schließt Nächstenliebe aus, denn ängstliche Leute sind so mit sich selbst beschäftigt, dass sie sich nicht um andere kümmern können. Angst verhindert, dass wir transparent werden und offen zu unseren Schwächen stehen.
So wird die nagende Furcht zu einem Hindernis für Gemeinschaft, Freundschaft und Partnerschaft. Das Thema Angst ist keine Bagatelle; wie wir damit umgehen, hat Einfluss auf jede Person, mit der wir in Kontakt kommen.

3. Angst reduziert Lebensfreude

Alfred Hitchcock hat einmal gesagt, er verwandle seine Ängste in Filme. Als Regisseur war er damit sehr erfolgreich. Mit dem Gruseln seiner Zuschauer hat er viel Geld verdient. Manche Ängste sind wie ein schlechter Thriller, den wir innerlich immer wieder abspulen. Wer sich seinen Bammel wie ein Privatkino konstant vor Augen führt, kommt nicht davon los und wird zuletzt depressiv.

> *Sorgen drücken einen Menschen nieder; ein gutes Wort richtet ihn auf. (Sprüche 12,25)*

Furcht kann uns derart unter Druck setzen, dass wir uns wie eine ausgepresste Zitrone vorkommen. Salomo spricht von »niederdrücken«; gemeint ist eine traurige, freudlose Stimmung. Angst schafft oft das, was sie befürchtet, und bewirkt dabei, dass wir auch die heiteren Stunden nicht mehr genießen können.
Ich weiß nicht, wie viele Tage meines Lebens ich ruiniert habe durch die Angst vor Dingen, die niemals eingetreten sind:

> Wir hatten wegen Bodennebels eine halbe Stunde über dem Chicagoer O'Hare-Flughafen gekreist. Alles atmete auf, als der Pilot endlich verkündete: »Jetzt ist es so weit. Wir versuchen zu landen.« Kurz darauf setzte er hinzu: »Drei der letzten sieben Maschinen sind gut runtergekommen.« Betretenes Schweigen, dann wieder die Stimme des Piloten: »Vielleicht sollte ich Ihnen noch sagen, dass die anderen vier nach Milwaukee umgeleitet worden sind.« (B. H.)

Die bewältigte Angst

Ein Politiker sagte einmal: »Wir haben nichts zu fürchten als die Angst selbst.«
Das ist ein nettes Statement, aber ist es wirklich wahr? Es gibt viele Dinge, die in uns berechtigte Angst auslösen können. Fritz Riemann, ein bekannter deutscher Angstforscher, schreibt:

> Es bleibt wohl eine unserer Illusionen zu glauben, ein Leben ohne Angst leben zu können; sie gehört zu unserer Existenz und ist eine Spiegelung unserer Abhängigkeiten und des Wissens um unsere Sterblichkeit.[8]

Wir können jedoch versuchen, unsere Furcht zu vermindern, zu überwinden oder mindestens zu binden. Aber wie? Das ist die entscheidende Frage. Wie kann ich die Gewohnheit, mich bangen Gedanken auszuliefern, in den Griff bekommen?

1. Erkannte Wahrheit

> Jeder Mensch hat ein Brett vor dem Kopf. Es kommt nur auf die Entfernung an. (Marie von Ebner-Eschenbach)

Nicht nur Vorurteile, auch Befürchtungen können wie ein Brett vor dem Kopf wirken. Gefahren lauern ja überall und sind in der Lage, unser seelisches Gleichgewicht zu stören:

> Das Leben ist lebensgefährlich, und Menschen können sehr grausam sein. Wenn uns heute nichts zugestoßen ist, so kann das morgen schon anders sein, und falls wir in der Vergangenheit im Kreis der Familie oder Kollegen beliebt waren, ist doch ein Gerücht in der Lage, über Nacht unseren Ruf zu schädigen und uns zu Außenseitern zu stempeln. Wenn Krankheit, Unfall, Tod oder Verschuldung nicht uns selbst treffen, so könnten doch zumindest genau in dieser Sekunde liebe Partner, Freunde und Verwandte vom Schicksal geschlagen werden. Immer kann etwas Schlimmes geschehen, und nie gibt es eine hundertprozentige Absicherung.[9]

Die Vorstellung, dass jederzeit irgendetwas Verhängnisvolles passieren könnte, versetzt manche Menschen in einen Zustand der Dauererregung.[10] Von klein auf gibt es jedoch nur zwei

8 Riemann, Fritz. *Grundformen der Angst.* Ernst Reinhardt, München, 1995, S. 7.

9 Leidig, Stefan. *Nur keine Panik.* Heyne, München, 1994, S. 125.

10 Die Psychologen nennen das eine »generalisierte Angststörung« und setzen bei Betroffenen mit gutem Erfolg als therapeutische Möglichkeit Entspannungsübungen ein.

Ängste, die einem Baby angeboren sind: die Furcht zu fallen und die Angst vor lauten Geräuschen. Das heißt, all unsere anderen körperlichen oder seelischen Erregungszustände sind angelerntes Verhalten. Darin liegt Hoffnung, denn was man gelernt hat, kann auch umgepolt werden. Vieles, was uns beigebracht wurde, war mit Fehlern behaftet. Eltern, Lehrer, Freunde und andere Vorbilder haben uns in manchen Fällen falsche Informationen vermittelt.
Es gibt also Denkgewohnheiten, die korrigiert werden müssen und können, und die Bibel ist dazu das geeignete Instrument. Jesus sagte: *»Ihr werdet die Wahrheit erkennen, und die Wahrheit wird euch befreien!«* (Johannes 8,32 Hoffnung für alle).

Erkenntnis der Wahrheit ist mehr als nur das Aufnehmen von Information. Wahrheit ist verbunden mit einer Person, dem auferstandenen Christus.[11] Seine Wahrheit befreit Menschen von Irrtümern und erlöst von Schuld. Angst verzerrt die Wirklichkeit. Wahrheit dagegen, erfahren in Christus, macht die Wirklichkeit real und erträglich. Die freimachende Kraft der Wahrheit Gottes ist schon im Alten Testament bezeugt. Der Psalmist betet dort:

> *Öffne mir die Augen, damit ich die Wunder erkenne, die dein Gesetz enthält! Diese Welt wird nicht für immer meine Heimat sein. Deshalb brauche ich deine Gebote, die mir zeigen, was du für richtig hältst. Ich sehne mich sehr danach, deine Weisungen noch besser kennen zu lernen. (Psalm 119,18-20 Hoffnung für alle)*

2. Gelebte Liebe

> *Wirkliche Liebe ist frei von Angst. Ja, die Liebe vertreibt sogar die Angst. Wer sich also fürchtet und vor der Strafe zittert, der beweist damit nur, dass er wirkliche Liebe noch nicht kennt. (1. Johannes 4,18 Hoffnung für alle)*

11 Vgl. Johannes 1,17 und 14,6.

Johannes spricht von der Angst vor Gott. Das griechische Wort für »Angst« ist hier *phobos.*[12] Gemeint ist nicht ein gesunder Respekt, sondern »eine kriecherische Mutlosigkeit«, oder »ein Schrecken, der die Flucht sucht«.
Wörtlich steht hier im Neuen Testament: *»In der Liebe gibt es keine Furcht ... «* (1. Johannes 4,18 a Bruns). Vor dem Wort »Liebe« steht der bestimmte Artikel, das heißt, es geht um eine spezielle Liebe: die Liebe Gottes uns gegenüber. Es ist seine sich selbst gebende Fürsorge an uns. Johannes beschreibt diese erfahrbare Liebe mit diesen Worten:

> *Gottes Liebe zu uns ist für alle sichtbar geworden, als er seinen einzigen Sohn in die Welt sandte, damit wir durch Christus ein neues und ewiges Leben bekommen. Das Einzigartige an dieser Liebe ist: Nicht wir haben Gott geliebt, sondern er hat uns seine Liebe geschenkt. (1. Johannes 4,9-10 a Hoffnung für alle)*

Die beiden Konzepte, Angst und Liebe, schließen sich gegenseitig aus, sie widersprechen sich. Angst ist ichbezogen; Liebe kümmert sich um den andern. Angst ringt verunsichert die Hände; Liebe kann getrost vertrauen. Angst hat in 1. Johannes 4 mit Schuldgefühlen zu tun, Liebe mit der Sicherheit der Beziehung zu Gott. Das Christentum ist folglich keine Religion der Angst.[13] Johannes behauptet: *»... die Liebe vertreibt sogar die Angst«* (1. Johannes 4,18 b).
Viele von uns leben Tag für Tag mit Gedanken, die uns plagen, und Sorgen, die an uns nagen. Der Glaube an Christus hat wohl unsere Schuld getilgt, nicht jedoch unsere Ängste! Woran liegt das? Johannes würde sagen: Wir haben die unerhörte Liebe Gottes noch nicht völlig erkannt. Wir sind noch nicht genügend gewachsen in dieser Liebe. Durch eine vertiefte Beziehung zu Gott können Angstzustände mindestens reduziert werden.[14]

12 Unser deutsches Wort »Phobie« stammt davon ab; gemeint ist jene krankhafte Angst vor bestimmten Objekten oder Situationen ohne eigentliche Gefahr.
13 Vgl. Römer 8,15.
14 Natürlich ist diese Aussage nicht absolut zu verstehen. Es gibt zwanghafte Angstsyndrome, die bei allem Gehorsam und aller Liebe gegenüber Gott nicht aufgelöst werden und eine therapeutische Beratung nötig machen.

Wenn die Liebe ihr Ziel bei uns erreicht, dann werden wir am Tag des Gerichts zuversichtlich sein, weil wir in dieser Welt so mit Gott verbunden sind, wie Christus es ist. (1. Johannes 4,17)

Furcht, auch die vor der Zukunft, wird am besten überwunden durch Zuversicht.
Johannes hat in seinem Brief schon früher von Zuversicht gesprochen, als er sagte:

Bleibt in ihm verbunden, meine Kinder! Dann werden wir voll Zuversicht sein, wenn er erscheint, und brauchen nicht zu fürchten ... (1. Johannes 2,28 a)

Zuversicht basiert auf Verbundenheit. In dem Maße, wie ich Gemeinschaft mit Gott pflege, wächst meine Zuversicht, bin ich in der Lage, zu meinen Ängsten zu stehen und sie in die Schranken zu weisen. Liebe kann Furcht tatsächlich neutralisieren. Warum das? Weil die Wurzel von vielen Ängsten in unserer Ich-Orientierung liegt. Je mehr wir mit uns selbst beschäftigt sind und uns mit andern vergleichen, desto eher werden wir deprimiert und verängstigt. Liebe dagegen konzentriert sich nicht ausschließlich auf das eigene Ich, sondern auf Gott und die Menschen in meinem Umfeld. Du fragst mich: »Harry, wie sieht das bei dir selber aus? Lebst du, was du lehrst? Hat bei dir die Verbindung zum Vater und die Liebe zu andern deine Ängste ersetzt?« Um ehrlich zu sein: Nein! Ich bin immer noch ein kleiner, ichbezogener Angstneurotiker. Ich muss mir jeden Tag neu in Erinnerung rufen: »Mein himmlischer Vater liebt mich, er lässt mir nichts zustoßen, was nicht letztlich zu meinem Wachstum dienlich ist.[15] Er will, dass ich meine Befürchtungen bewältige, indem ich in seiner Liebe lebe und sie auch weitergebe.«

[15] Römer 8,28 muss im Kontext gesehen werden. »Seinem Sohn gleich zu werden« (V. 29) kann auch Leiden beinhalten.

3. Praktiziertes Vertrauen

Über dem Eingang eines Hotels in England steht diese Inschrift:

> Angst hat an die Tür geklopft.
> Glaube hat geantwortet.
> Niemand war da.

Ein Mensch, der keine Angst hat, ist vermutlich nicht in Berührung mit der Wirklichkeit. Die Tatsache, dass jemand durch Christus neues Leben empfangen und Geborgenheit gefunden hat, bedeutet nicht automatisch Befreiung von Angst. Es gibt Lebensumstände, die Panik erzeugen können, egal wie gläubig einer ist. Es existiert zudem in der unsichtbaren Welt ein Feind, dem die Macht gegeben ist, uns durch Angststrategien einzuschüchtern und fertig zu machen. Der Apostel Paulus spricht davon, wenn er schreibt:

> *Über dies alles ergreift und haltet fest das Vertrauen, das euch wie ein mächtiger Schild ganz und gar deckt und mit dem ihr all die feurigen Pfeile des bösen Widersachers auszulöschen vermögt. (Epheser 6,16 Viebahn)*

Der »böse Widersacher« wird an anderen Stellen im Neuen Testament auch »diabolos« oder »satanas« genannt. Die Existenz des leibhaftig Bösen wird in der Bibel sachlich vorausgesetzt. Satan ist ein wirkliches, personales Wesen. Als Feind Gottes und als Menschenfeind besitzt er keine selbständige Macht, doch sein Einfluss ist weitreichend.[16] Zu seinem Waffenarsenal gehören die erwähnten »feurigen Pfeile«. Was ist mit diesen Brandgeschossen gemeint, vor denen wir uns schützen sollen? Unter anderem: verleumderische Anklagen, falsche Schuldgefühle, Zweifel, Ungehorsam, Rebellion, Gier, Hochmut und vor allem Angst. Eine der bevorzugten Waffen des Diabolos besteht in der Manipulierung unserer Gedanken. Einschüchterung durch Angst ist dabei eine wirksame Strate-

16 Vgl. Lukas 4,5-6; Johannes 8,44; 2. Korinther 4,4.

gie. Daher der Rat des Apostels: *»Verteidigt euch mit dem Schild des Glaubens...«* (Epheser 6,16 a Hoffnung für alle).
Der Schild des Glaubens schützt vor Angstangriffen. Auf welche Weise? Glaube hat dann eine Schutzfunktion, wenn er mehr ist als nur ein passives Für-wahr-Halten von Dogmen. Zu glauben bedeutet in der Praxis, sich auf Gottes Zusagen zu verlassen! Glaube handelt trotz Ängsten. Glaube verdrängt Ängste nicht, sondern konfrontiert sie. Die Antwort auf all unsere Besorgnisse liegt letztlich in einer Person: Er, der Wahrheit und Liebe verkörpert, ist auch das unerschütterliche Objekt unseres Vertrauens – Jesus Christus, der Sohn Gottes.

Auf den Nenner gebracht: Keiner von uns wird je völlig angstfrei sein, aber wir können lernen, sogar mit der Angst vor der Angst zu leben. Ängste können sich nützlich oder schädlich auswirken, je nachdem wie wir mit ihnen umgehen. Entschiedenes Christentum schützt nicht vor Angststörungen, doch wer die Wahrheit über sich selbst entdeckt hat, der kann zu seiner Mutlosigkeit stehen. Hilfe wird dem versprochen, der seine Schwachheit anerkennt, nicht dem, der sich seiner Stärke rühmt.[17]
Den meisten von uns fällt es schwer, Ängste zu bekennen, weil wir uns schämen, »gebrechlich« zu erscheinen. Es ist diese Scham ob der eigenen Angst, die die Angst fixiert und schädlich macht. Der Glaube verdrängt die Angst nicht; er erlaubt uns, ihr ins Auge zu blicken. In Gottes Gegenwart wird Wahrheit erträglich und die Bewältigung von Verzagtheit möglich.

> So ist die menschliche Lage; der Mensch ist unendlich komplex und zerbrechlich, tausenderlei falschen Suggestionen unterworfen, von zahlreichen Ängsten gequält, von unaufhörlichen inneren Konflikten zerrissen. Gewiss, es gibt einfache Naturen, die sich keine Rechenschaft geben von dem, was sich in ihnen abspielt; und andere, subtile, die sozusagen Zuschauer ihrer inneren Stürme sind. Aber die Unbewusstheit der ersteren erscheint wie eine instinktive Verteidigung gegen die Angst. Es gibt folglich nicht, wie man gewöhnlich meint,

17 Siehe 2. Korinther 12,10 und 13,4.

zweierlei Menschen: solche mit inneren Konflikten und solche, die davon frei wären. Wenn sich eine Abgrenzung machen lässt, dann eher die: Die einen leugnen ihre Angst, die andern gestehen sie sich ein. Nun verhält es sich so: Wenn wir unsern Ängsten ins Auge sehen, sie uns bewusst machen, macht uns das Angst; dennoch ist es das einzige Mittel, ihnen standzuhalten.[18]

Wenn ich Angst bekomme,
setze ich mein Vertrauen auf dich.
(Psalm 56,4)

AUGEN AUF UND DURCH

In diesem Kapitel wurden die folgenden Angstzustände erwähnt:
- Allgemeine Angststörung
- Panikstörung
- Phobische Störung
- Zwanghafte Störung
- Posttraumatische Störung

In unterschiedlichem Ausmaß hat jeder von uns in dem einen oder anderen Bereich schon seine Erfahrungen gemacht. Bei Menschen mit ausgeprägten Angstproblemen können die Symptome so stark auftreten, dass die Handlungsfähigkeit im Alltag eingeschränkt wird. Wenn das der Fall ist, kann eine kompetente Beratung nötig werden, um die Ursachen der Angst zu erkennen und negative Denkmuster zu überwinden. Wir ermutigen zu einem solchen Schritt, denn das Leben ist zu kurz, um es im permanenten Würgegriff der Furcht zu verbringen.
Überdenke nun die folgenden Fragen zur Vertiefung:

18 Tournier, Paul. *Antwort, die das Leben gibt.* Herder, Freiburg im Breisgau, 1987, S. 130.

1. Erkannte Wahrheit

Kannst du von dir selber sagen, dass du durch eine bewusste Hinwendung zu Christus deinen Zustand vor Gott erkannt und seine Vergebung beansprucht hast? Falls du unsicher bist, lies doch bitte Johannes 6,35-40 und befolge einfach die Weisung dort.

2. Gelebte Liebe

Angst und Liebe schließen sich gegenseitig aus. In 1. Johannes 4,7-18 macht der Apostel einige verblüffende Aussagen. Ein näheres Studium dieses Textes lohnt sich. Siehst du da einen Zusammenhang zwischen Angst, Liebe und Schuldgefühlen? Wie könnte die Feststellung des Johannes dir helfen, Ängste zu bewältigen?

3. Praktiziertes Vertrauen

Angst verliert ihre schärfste Spitze, wenn sie bekannt wird und man sich damit auseinandersetzt. In Epheser 6 wird nicht nur vom »Schild des Glaubens« gesprochen. Welche anderen Maßnahmen empfiehlt der Apostel? Überdenke Epheser 6,10-17.

2. ANGST VOR DER ZUKUNFT

Matthäus 6,25-34

Ein Künstler mit dem Namen J. H. Zorthian las in der Zeitung von einem Kleinkind, das durch einen Verkehrsunfall ums Leben gekommen war. Die Vorstellung, dass einem seiner drei Kinder etwas Ähnliches zustoßen könnte, begann ihn zu beunruhigen. Seine Sorge entwickelte sich zu einer steten Furcht. Je mehr er sich eine solche Tragödie vorstellte, desto ängstlicher wurde er. Das ging so weit, dass er sich nicht mehr richtig auf seine Arbeit konzentrieren konnte. Aus der Beunruhigung wurde eine regelrechte Besessenheit. Seinen Plan, in Pasadena (Kalifornien) ein neues Haus zu kaufen, gab er auf, um für seine Kinder einen sicheren Ort außerhalb der Stadt zu finden. Die Suche nahm ihn so völlig in Beschlag, dass er seinen Beruf als Künstler an den Nagel hängte, um sich ganz dem Schutz seiner Kinder zu widmen. Jedes Grundstück, das in Frage kam, wurde gründlich auf alle möglichen Risiken hin geprüft.

So kaufte er schließlich sechs Hektar Land an einem abgelegenen Ort am Ende einer langen, gewundenen Straße. Vor den unübersichtlichen Kurven brachte er Schilder an mit dem Vermerk: »Achtung: Spielende Kinder.« Bevor er das Haus selbst bauen ließ, errichtete Zorthian eigenhändig einen umzäunten Spielplatz für seine drei Sprösslinge. Die Lage wählte er so, dass kein Auto näher als dreißig Meter heranfahren konnte. Dann kam das Haus. Der Architekt musste seine Pläne nach den Kriterien Schönheit und Sicherheit gestalten. Zorthian überwachte das Projekt in jeder Phase und vergewisserte sich, dass alle Vorsichtsmaßnahmen genau eingehalten wurden.

Zuletzt folgte der Bau der Garage. Nur ein einziges Auto würde je dort parken: das von Zorthian. Als alles fertig erstellt war, prüfte er nochmals alle möglichen Gefahren, die auftreten konnten. Es blieb nur ein einziges Risiko: Er musste rückwärts aus der Garage fahren. Die Möglichkeit bestand, dass in einem unbeaufsichtigten Moment eines der Kinder hinter dem Wagen stehen könnte. Sofort plante Zorthian einen geschützten Wendeplatz. Der Bauherr musste nochmals kommen, um den Auftrag sogleich auszuführen. Bevor der Beton jedoch gegossen werden konnte, setzten schwere Nie-

> derschläge ein. Es war der erste Regen nach einer langen Dürreperiode. Hätte es in jener Woche nicht geregnet, so wäre der Wendeplatz am Sonntag zu benützen gewesen. Das war der 9. Februar 1947, der Tag, an dem Zorthians achtzehn Monate alter Sohn Tiran sich aus der Obhut seiner Schwester entfernte und direkt hinter den Wagen kroch, als Zorthian aus der Garage fuhr. Das Kind war auf der Stelle tot.[1]

Es gibt leider keine narrensicheren Pläne, keine perfekte Sicherheit und keine absoluten Garantien. Egal, wie umfassend jemand vorsorgt, am Ende steht doch jeder hilflos da, wenn das Unberechenbare eintritt.
Grund zur inneren Beunruhigung lässt sich überall finden. Wenn ich mir vorstelle, wie viele Krankheiten es gibt, welche Risiken im Straßenverkehr lauern und dass jederzeit eine schlimme Katastrophe über mich und meine Lieben hereinbrechen könnte, dann getraue ich mich am Ende gar nicht mehr aus dem Bett. Menschen mit einer ängstlichen Persönlichkeit neigen dazu, sich ihr eigenes Leben gründlich zu vermiesen.
Angst als solche ist eine durchaus sinnvolle menschliche Reaktion. Sie hilft uns zu überleben, wenn echte Gefahr droht. Die Fähigkeit, Angst zu empfinden, ist angeboren und wirkt wie ein Alarmsystem im Körper. Aber – und das ist ein großes ABER – unser Alarmsystem funktioniert nicht immer richtig. Wir bekommen manchmal Angst, wo wir überhaupt nichts zu unserem Schutz tun können, weil die Gefahr in der Zukunft liegt oder nicht realistisch ist.

BITTERE PRALINEN

> Der Tod marschierte eines Morgens in eine Stadt. Kaum angekommen, wurde er von einem Mann angehalten und gefragt, was er da tue. »Ich gehe in die Stadt, um zehntausend Leute hinzuraffen«, antwortete der Tod. »Das ist ja schrecklich«, sagte der Mann. »Wie kannst du nur zehntausend Menschen

1 Swindoll, Charles. *The Quest for Character.* Multnomah Press, Portland, Oregon, 1987, S. 81-82.

> das Leben rauben?« »Lass mich in Ruhe«, entgegnete der Tod: »Es ist meine Aufgabe, Leute zu liquidieren, wenn ihre Zeit abgelaufen ist. Heute sind es diese zehntausend und ich erledige meinen Auftrag.«
> Am Ende des Tages verließ der Tod die Stadt und traf wieder den Mann. Wieder regte der sich auf: »Du hast mir am Morgen gesagt, du würdest zehntausend Menschen holen, aber heute sind siebzigtausend gestorben.« »Mach mich nicht fertig«, sagte der Tod. »Ich habe bloß zehntausend genommen. Den Rest haben die Angst und die Sorge umgebracht.«[2]

Angst kann krank machen. Es gibt Leute, die haben sich buchstäblich zu Tode gesorgt. Wenn wir uns sorgen, tun wir das nicht nur mit unseren Gedanken, sondern auch mit unseren Organen. Wer sich lange und intensiv genug Kummer macht, ruiniert irgendwann seine Gesundheit. Angst kann so weit gehen, dass sich jemand das eigene Leben nimmt. Mike Boorda, der Oberbefehlshaber der US-Marine, hat sich am 16. Mai 1996 in Washington umgebracht, weil er wegen eines Ordens befragt werden sollte, den er ohne Auszeichnung getragen hatte. Eine kleine Aufbesserung an seiner ohnehin imposanten Ordensbrust – mehr war gar nicht passiert. Aber der ranghöchste Admiral der Marine war dermaßen um seinen guten Ruf besorgt, dass er sich wegen dieser Lappalie erschoss.[3] Es ist schwer verständlich, dass das Pflichtgefühl eines Menschen so irregeführt sein kann, dass er willig ist, einen derart hohen Preis zu zahlen. Besonders tragisch an Mike Boordas Tod war die Tatsache, dass selbst seine engsten Mitarbeiter nicht geahnt hatten, welche Sorgen den Admiral plagten.

Uns geht es oft ähnlich. Man sieht sich wohl, man hat Freunde, aber man kennt sich doch eigentlich wenig. Könnten wir einander hinter die Fassade gucken und die geheimen Räume der Seele ausloten, jene Bereiche, wo niemand außer uns selbst

2 Robinson, Haddon, W. *The Solid Rock Construction Company.* Discovery House, Grand Rapids, Michigan, 1989, S. 62.

3 Boorda wurde das Opfer eines übersteigerten Ehrgefühls. Er hatte vor seinen eigenen hohen Ansprüchen versagt und fürchtete sich vor einem Interview, das lediglich peinlich gewesen wäre. Bericht Time-Magazin, 27. Mai 1996, »A Question of Honor«, S. 44.

Zugang hat, dann kämen wohl eine Sorge oder zwei oder gar zwei Dutzend zum Vorschein. Das kontrollierte Lächeln ist manchmal nur eine Fassade, dahinter kann es ganz anders aussehen. Salomo sagt treffend:

> *Hinter dem Lachen kann sich Traurigkeit verbergen; und wenn die Freude vorüber ist, ist der Schmerz noch da. (Sprüche 14,13)*

Mitten im Lachen kann das Herz traurig sein. Das klingt pessimistisch, doch Salomo nimmt einfach zur Kenntnis, dass unsere Stimmungen schwanken und dass es eine oberflächliche Form der Freude gibt, die keine Flucht vor echten Sorgen ermöglicht.[4]
Eine ängstliche Persönlichkeit ist nicht die einzige Ursache, weshalb wir uns Sorgen machen.

FROMME LYRIK

Man würde meinen, dass die befreiende Botschaft des Evangeliums Menschen aus dem Griff von hemmenden Ängsten löst. Ich weiß aus eigener Erfahrung, dass das nicht in jedem Fall zutrifft. Auch bekehrte Leute können belastete Leute sein; ja, gerade das religiöse Spielfeld ist oft Auslöser von Schuldgefühlen:

> Natürlich gibt es eine unübersehbar große Zahl von erdrückten Menschen. Es gibt sie bestimmt überall, aber doch ganz besonders in religiösen Kreisen. Manche unter ihnen sind sicher infolge äußerer Umstände niedergedrückt worden, zum Beispiel Waisenkinder, Kinder aus geschiedenen Ehen, Kriegsopfer oder Opfer sozialer Vorurteile, aber es sind deren noch weit mehr, die durch eine negative innere Kraft erdrückt, gelähmt werden; diese ist äußerst mächtig, eine Art Polizei, die tief in der Seele drin wirkt und dem Menschen ihr unerbittliches Gesetz aufzwingt: Genuss, Lebensfreude, Selbstbehauptung verboten![5]

4 Vgl. 1. Mose 35,17-18; Kohelet (Prediger) 2,1-2 und 7,3.6.
5 Tournier, Paul. *Die Jahreszeiten unsres Lebens.* Gütersloher Verlagshaus, Gütersloh, 1997, S. 48.

Die »Art Polizei, die tief in der Seele drin wirkt«, wie Paul Tournier sagt, wird auch »Moralismus« oder »Gesetzlichkeit« genannt. Es ist eine Einstellung, die in rigiden Denkstrukturen gefangen ist. Das Leben wird wahrgenommen als eine Reihe von Entweder/Oder-Entscheidungen. Schwarzweiß-Denken mit starren Regeln prägt das Verhalten: Alles muss auf eine ganz bestimmte Art und Weise getan werden. Wird etwas nicht absolut korrekt erledigt, dann löst das Angst aus. Solcher religiöser Perfektionismus verhindert unverkrampftes Christentum. Das Leben wird für die Betroffenen und die, die mit ihnen zu tun haben, zur Last. Die quälende Sorge, einen Fehler zu begehen, blockiert jede gesunde Entwicklung. Das ist der Grund, weshalb Paulus im Neuen Testament so scharf gegen den Moralismus ins Feld zieht:

> *Was seid ihr doch für törichte Leute, ihr Galater! Hat euch jemand bezaubert? Ich habe euch Jesus Christus als den in eurer Mitte Gekreuzigten vor die Augen gemalt. Nun möchte ich nur eins wissen: Habt ihr auf Grund eurer gesetzlichen Leistungen den Heiligen Geist empfangen oder durch die Predigt vom Glauben? Seid ihr wirklich so töricht? Was ihr im Geist angefangen habt, das wollt ihr mit eigenen Leistungen vollenden? (Galater 3,1-3 Bruns)*

Die unverdiente Gnade Gottes befreit von aller Schuld. Kein Mensch kann je Gottes Wohlwollen durch Eigenleistung erlangen. Weder vor der Bekehrung noch danach lässt sich Gott beeindrucken von selbstgerechter Frömmigkeit.[6]
Fazit: Beides, eine ängstliche oder eine gesetzliche Persönlichkeit, kann uns in die Quere kommen. Doch ein korrekt instruierter Christ ist mindestens eine Sorge in seinem Leben los: Vor Gott braucht er keine Maske zu tragen, und er muss sich auch nicht mehr um alte Schuldgefühle kümmern.[7]

6 Theologisch ausgedrückt: Beides, Heil und Heiligung, ist ein Werk Gottes, das wir in Demut an uns geschehen lassen müssen.

7 Vgl. Hebräer 10,22. Für eine weitergehende Auseinandersetzung mit dem Thema Moralismus siehe Müller H., *Gemeinde im Umbruch*, Hänssler, Neuhausen, 1995, S. 189-208.

Die Menschen zur Zeit Jesu waren, genauso wie wir heute, von Sorgen geplagt. Manche Leute denken, das Leben im 1. Jahrhundert sei einfacher gewesen, weil die Welt weniger kompliziert war und viel weniger Grund zum Stress bestand. Das ist ein Irrtum. Der größte Teil der Bevölkerung in der Antike lebte wie die Menschen der Dritten Welt heute. Arbeiter erhielten einen Taglohn und haben sich von Tag zu Tag durchgeschlagen. Sozialleistungen kannte niemand. Es gab weder Krankenkasse noch Altersvorsorge. Gemäß Schätzungen bezahlten die Bürger Palästinas rund 40 Prozent ihres Einkommens für Steuern. Die wirtschaftliche Situation in unseren Tagen mag angespannt sein, damals jedoch waren die Verhältnisse noch um einiges schwieriger. Und doch sagt Jesus zeitüberbrückend:

Sorgt euch nicht! (Matthäus 6,25 a Hoffnung für alle)

LEBEN LERNEN

Die Aussage Christi in Matthäus 6 könnte man missverstehen. Meinte er, wir sollten uns nicht um die Zukunft kümmern? Heißt »sorgt nicht« so viel wie »arbeitet nicht«, »legt die Hände in den Schoß«? Wohl kaum. Das Wort »sorgen« beschreibt eine »grüblerische Angst«. Nicht »Fürsorge« ist gemeint, sondern eine »verstörte Besorgnis«. Sorgen und Arbeiten sind zweierlei. Paulus schreibt in seinem Brief an die Thessalonicher:

Als wir bei euch waren, haben wir euch ausdrücklich gesagt: Wer nicht arbeiten will, soll auch nicht essen. (2. Thessalonicher 3,10)

Nicht der Arbeitsunfähige wird hier verurteilt, sondern der Arbeitsunwillige. Wer arbeiten kann, der soll.[8] Vorsorge ist verantwortliches Verhalten; sich sorgen ist verfehltes Verhalten.

8 Paulus macht hier nicht einfach die platte Festellung, dass einer, der nicht arbeitet, nichts zu essen habe. Er insistiert vielmehr, dass faule Leute nicht aus falscher Barmherzigkeit unterstützt werden sollen. Wer sich vor Arbeit drückt, soll ruhig Mangel leiden; das wird ihm helfen, seine Trägheit zu überwinden.

Georges Simenon erinnert sich an seine Anfangsjahre als mittelloser Schriftsteller:

> Ich hatte herausgefunden, dass man Hunger am preiswertesten und längsten mit billigem Camembert stillen kann. Man isst die Hälfte mit viel Brot, dann stellt man die Schachtel weg. Am nächsten Tag ist sie wieder voll, denn der Camembert läuft und quillt und wird nicht weniger. Ich aß einmal eine ganze Woche lang an einem Camembert. Aber es muss billiger Camembert sein; mit gutem funktioniert es nicht.[9]

Herzlichen Dank für den Hinweis; die Masche mit dem Camembert mag Hungerprobleme lösen, aber es bleibt die Frage: Wie kriege ich meine Sorgen in den Griff? Wie schaffe ich es, meine Neigung zur Aufregung zu bewältigen? Wie finde ich einen Weg, um meiner nervösen Unruhe mit Gelassenheit zu begegnen?

Jesus hat uns nicht nur dazu aufgerufen, unsere Zukunftsängste loszulassen, er hat auch verschiedene Argumente geliefert, mit denen sich viele unserer unnötigen Besorgnisse bewältigen lassen.

Sorgen sind sinnlos

> *Darum sage ich euch: Sorgt euch nicht um euren Lebensunterhalt, um Essen, Trinken und Kleidung. Leben bedeutet mehr als nur Essen und Trinken, und der Mensch ist mehr als seine Kleidung. Seht euch die Vögel an! Sie säen nichts, sie ernten nichts und sammeln auch keine Vorräte. Euer Vater im Himmel versorgt sie. Meint ihr nicht, dass er sich um euch noch viel mehr kümmert? (Matthäus 6,25-26 Hoffnung für alle)*

Nahrung und Kleidung gehören zu den Lebensnotwendigkeiten. Mit der Warnung, wir sollten uns um die elementaren Bedürfnisse des Körpers nicht sorgen, können wir uns heute kaum noch identifizieren. Unsere Anliegen sind andere; der

9 Das Beste, 1/95, S. 146, »Not kennt keine Grenzen.« Roger Stéphane.

übergewichtige, modisch gekleidete und mit vielen Annehmlichkeiten versorgte Zeitgenosse braucht nicht mehr um sein tägliches Brot zu bangen. Er verspeist mehr Kalorien, als er verbrennt, er trinkt oft mehr, als ihm gut tut, und er besitzt mehr, als er je braucht.

Trotzdem ist die Mahnung von Jesus angebracht. Selbst wenn es uns gut geht, verbringen wir eine Menge Zeit mit der Befriedigung von körperlichen Bedürfnissen. Da ist nichts Falsches dran, manche Leute sind jedoch geradezu von einem Körperkult besessen. Äußerlichkeiten können einen übermäßig wichtigen Platz einnehmen.

Tatsache ist: Die meisten von uns sorgen sich weniger um ihren Lebensunterhalt als um ihre Lebensqualität. Doch auch das führt zu Sorgen und Ängsten. Wenn Gott souverän ist und wenn er das Geringere tun kann, nämlich die Vögel des Himmels versorgen, sollte er da nicht auch fähig sein, das Größere zu bewältigen und sich um die Menschen zu kümmern, die in seinem Bilde geschaffen sind?[10] Wer sich das Wesen und die Größe unseres Gottes in Erinnerung ruft, der erkennt, dass manche Befürchtungen völlig unnötig sind.

Aber auch wenn viele unserer Ängste sinnlos sind, wollen wir sie doch nicht loslassen: Wir hängen an unseren Hangups, selbst wenn sie Schmerzen verursachen und den Alltag beeinträchtigen. Manche von uns sind froh, wenn wir konstant mit irgendwelchen Sorgen beschäftigt sind. Lange Zeit konnte ich das nicht verstehen, bis mir klar wurde, warum das so ist: Wir fühlen uns wohl mit einem vertrauten Verhaltensmuster. Sich zu sorgen ist unter dem Strich weniger bedrohlich als das Risiko, sich ändern zu müssen.

Frage an dich: Welche Hangups, welche Zukunftssorgen sind für dich zum vertrauten Muster geworden? An welche unvernünftigen Gewohnheiten klammerst du dich? Welche musst du loslassen? Welche kannst du loslassen?

10 Christus behauptet nicht, Vögel seien untätige Geschöpfe; niemand bemüht sich emsiger um seinen Lebensunterhalt als etwa die Spatzen. Es geht vielmehr darum, dass sie sich keine Sorgen machen. Im Gegensatz zu den Menschen strengen Vögel sich nicht an, in die Zukunft zu sehen und sich vor ihr abzusichern.

Sorgen sind nutzlos

> *Und wenn ihr euch noch so viel sorgt, könnt ihr doch euer Leben auch nicht um einen Augenblick verlängern. (Matthäus 6,27 Hoffnung für alle)*

Dr. Joseph Montague, Verfasser des Buches »Nervöse Magenleiden«, schreibt: »Von Ihrem Essen bekommen Sie kein Magengeschwür. Sie bekommen es von dem, was an Ihnen frisst.«
Der zweite Grund, warum Sorgen zu bekämpfen sind, hat mit der Lebenserwartung zu tun. Unsere Gesellschaft ist bemüht, auf jede nur mögliche Art das Leben zu verlängern. Wir essen gesünder, wir leben bewusster, wir treiben mehr Sport:

> Neueste Untersuchungen des nationalen Center for Disease Control in den USA zeigen, dass 30 Minuten Sport am Tag den Arzt fern halten. Bereits 3,2 Kilometer schnelles Gehen genügen. Schon allein durch ein solches Programm ließe sich die Sterblichkeitsrate um zwölf Prozent senken, schreibt das Journal der American Medical Association.[11]

Vernünftige Maßnahmen zur Bewahrung der Gesundheit sind sinnvoll. Die Qualität und Produktivität unseres Lebens können beeinflusst werden. Doch Gott wird dadurch nicht gezwungen, die Lebensspanne eines Menschen zu verlängern. Wie viel Zeit jedem zugemessen ist, bestimmt er allein. Er gibt und er nimmt. Übervorsichtiges Verhalten ändert daran nichts.
Der menschliche Körper kann von nicht weniger als 22 000 verschiedenen Krankheiten befallen werden. Allein der Gedanke daran genügt, um krank zu werden.
Persönliche Frage: Gehörst du zu denen, die ständig ihren eigenen Körperzustand beobachten? Hast du eine zu rege Phantasie und witterst hinter jedem Halsweh einen Herzinfarkt? Der beste Weg, eingebildete Krankheiten loszuwerden, ist der Gang zum Arzt. Konfrontiere deine Sorge, sprich mit jemandem darüber und sei dir bewusst, Gott wirkt durch Ärzte oft auch dann, wenn die Diagnose einen normalen Befund ergibt.

11 Neue Zürcher Zeitung, 8. 2. 1996, S. 23.

So viele Ängste des Hypochonders entpuppen sich als völlig unnötig.[12] So manche innere Unruhe könnte gestillt werden. Die Worte des Propheten Jesaja wirken da wie Balsam:

> *Fürchte dich nicht; denn ich bin bei dir! Sieh dich nicht ängstlich um, denn ich bin dein Gott. Ich helfe dir; ich gebe dir Kraft und halte dich an meiner heilbringenden Rechten fest. (Jesaja 41,10 Bruns)*

Der dritte Grund, weshalb wir grüblerische Angst loslassen sollen:

Sorgen sind treulos

> *Weshalb macht ihr euch so viele Sorgen um eure Kleidung? Seht euch die Blumen auf den Wiesen an! Sie arbeiten nicht und kümmern sich auch nicht um ihre Kleidung. Doch selbst König Salomo in seiner ganzen Herrlichkeit war lange nicht so prächtig gekleidet wie irgendeine dieser Blumen. (Matthäus 6,28-29 Hoffnung für alle)*

Christus greift als drittes Beispiel zur Bewältigung von Bekümmernissen unsere Garderobe auf. Blumen dienen als visuelles Lehrobjekt. Was für Blumen sind gemeint? Luther spricht von den »Lilien auf dem Feld«. Mit »Lilien« wurden schöne Pflanzen verschiedener Art bezeichnet. Zu jener Jahreszeit blühten die Wiesen überall in Galiläa. Das wild wachsende Gras war eine Augenweide und illustrierte, was Christus sagen wollte. Gras wurde oft als Brennmaterial zum Brotbacken verwendet. Frauen schnitten es ab, ließen es trocknen und heizten damit ihre Backöfen. Wenn die Steine heiß waren, wurde die Asche entfernt und die Brotlaibe hingelegt. Aber auch wenn das Gras nur zum Verbrennen gebraucht wurde, waren die Blütenstände doch phantastisch anzusehen, schöner noch als die

12 Hypochondrie ist die ängstliche Beobachtung des eigenen Gesundheitszustandes und die Neigung, Krankheiten an sich festzustellen ohne medizinische Grundlage.

Roben des berühmten Königs Salomo.[13] Salomo kleidete sich selbst, Gott jedoch »bekleidet« die Blumen.
Wiesengras als Bild der Schönheit der Schöpfung. Eine schlichte Mohnblume ist prachtvoller als der König Israels in all seiner Herrlichkeit.
Salomo wird hier nicht kritisiert für seine kostbaren Kleider und seine imposante Erscheinung, im Gegenteil, er wird als Vergleichsmaßstab herangezogen. Gott ist nicht nur der Schöpfer von allen materiellen Dingen, er ist auch der Schöpfer von allen *schönen* Dingen. Ästhetik gehört zu seinem Wesen.[14] Was die Sinne anspricht, was geschmackvoll, was hübsch ist, hat letztlich seinen Ursprung in ihm. Gott ist ein Gott der Ästhetik.
Matthäus 6,29 macht ein Statement, das sich durchaus auf Mode, Kunst, Stil und Design übertragen lässt. Dieser Text liefert die theologische Begründung für ästhetisches Empfinden in mehr als nur Kleidung.[15]
Jesus hat die Feldblumen mit Salomos Garderobe verglichen; der Kontrast geht aber noch weiter, er umfasst auch Menschen. Gras ist vergänglich, Personen sind unvergänglich. Wir werden irgendwo die Ewigkeit verbringen. Wer mit Gott versöhnt ist, lebt nicht nur ewig, er besitzt auch eine ganz spezielle Zukunft. Der bildhafte Vergleich ist gewaltig: Wenn Gott schon verwelkende Blumen so herrlich kleidet, dann wird er auch uns, die wir unauslöschbare Geschöpfe sind, in jeder Hinsicht versorgen können. Seine Wertschätzung für uns ist unvorstellbar. Diese Lektion verdeutlicht Christus gleich weiter:

> *Wenn aber Gott sogar das Gras so schön wachsen lässt, das heute auf der Wiese grünt und morgen vielleicht schon verbrannt wird, meint ihr, dass er euch dann vergessen würde? Vertraut ihr Gott so wenig? (Matthäus 6,30 Hoffnung für alle)*

13 Salomo, Sohn Davids und der Batseba, wurde 990 v. Chr. geboren und herrschte über alle Königreiche vom Euphrat bis zum Roten Meer. Seine Weisheit, seine Macht und sein Reichtum waren legendär. Siehe 1. Könige 10,1-29.

14 Seine Liebe zur ästhetischen Schönheit zeigt sich schon in 1. Mose 2,9.

15 Wir reden hier nicht vom »Hollywoodsyndrom«, jenem Schönheitskult, der die eigene Attraktivität zum Dreh- und Angelpunkt des Selbstwertgefühls macht.

Die Vorstellung, dass Er deine Adresse oder deine Anliegen vergessen könnte, ist nicht denkbar. Er bleibt treu, selbst wenn wir untreu sind. Der Satz: »Vertraut ihr Gott so wenig?« wird in der Luther-Bibel mit zwei Worten übersetzt: »Ihr Kleingläubigen«. Jesus bezeichnet seine grüblerischen Jünger als Glaubenszwerge. »Was seid ihr für ängstliche Typen!«[16] Ihre Sorgen zeigen, dass ihr Glaube schwach und gedankenlos ist. Der Kleingläubige nimmt sich selbst zu ernst, er rechnet zu wenig mit Gottes Kraft.

Die Frage »Vertraut ihr Gott so wenig?« zeigt, dass die Gewohnheit, sich zu sorgen, eigentlich eine *Beleidigung Gottes* ist! So gesehen sind unsere täglichen Bekümmernisse keine Bagatellen; sie hinterfragen die Souveränität und die Integrität des himmlischen Vaters. Kleingläubigkeit ist kein Kavaliersdelikt.

Wer für die Ewigkeit bestimmt ist, muss sich selbst hinterfragen: Wie weit reicht mein Vertrauen? Sind meine Sorgen vielleicht ein Hinweis darauf, dass meine Glaubensmuskeln durch Gottes Wort mehr gestärkt werden müssen?

> *Ihr sollt erfahren, wie unermesslich groß die Kraft ist, mit der Gott in uns, den Glaubenden, wirkt. Ist es doch dieselbe Kraft, mit der er Christus von den Toten auferweckte ... (Epheser 1,19-20 Hoffnung für alle)*

Sorgen sind haltlos

> Unser Hausarzt pflegt seinen Patienten zu sagen: »Verschaffen Sie sich Bewegung, meiden Sie Alkohol und Nikotin und beten Sie, dass Sie die richtigen Vorfahren erwischt haben![17]

Ein gesunder Lebensstil und eine günstige Genetik bewahren kaum vor Mutlosigkeit. Der Sohn Gottes hat gewusst, wie an-

16 Wo immer der Begriff »kleingläubig« im Neuen Testament erscheint, wird er auf die Jünger angewandt. Von ihnen wird mehr erwartet. Vgl. Matthäus 6,30 mit 8,26, 14,31 und 16,8.

17 Das Beste, 4/95, S. 27, »Guter Tip«.

fällig wir für Gemütsschwankungen sind, daher präsentiert er ein weiteres Argument, das unsere Zukunftsängste beruhigen soll.
Auf den ersten Blick scheint der nächste Abschnitt eine bloße Wiederholung zu sein:

> *Hört also auf, voller Sorgen zu denken: »Werden wir genug zu essen haben? Und was werden wir trinken? Was sollen wir anziehen?« (Matthäus 6,31 Hoffnung für alle)*

Zum dritten Mal rekapituliert Christus seine Herausforderung: »Sorgt euch nicht um euren Lebensunterhalt« (6,25); »weshalb macht ihr euch so viele Sorgen?« (6,28); »hört also auf, voller Sorgen zu denken ...« (6,31). Diese Erinnerung ist nötig, weil wir uns so schnell verunsichern lassen und unter Druck vergessen, wer unser Gott ist. Eine weitere Begründung wird im nächsten Vers geliefert:

> *Wollt ihr denn leben wie die Menschen, die Gott nicht kennen und sich nur mit diesen Dingen beschäftigen? Euer Vater im Himmel weiß ganz genau, dass ihr das alles braucht. (Matthäus 6,32 Hoffnung für alle)*

In der Bergpredigt macht Jesus klar, dass seine Leute anders sein sollen als ihr Umfeld: anders nicht wegen dem, was sie essen oder wegen der Klamotten, die sie tragen, sondern anders in ihren Taten (Matthäus 5) und in ihren Motiven (Matthäus 6).[18] Konsumgüter sind heute für viele Zeitgenossen Lebensinhalt. Shopping gegen den Ärger und die Sorgen des Alltags. Eine Studentin berichtet:

> Ich bin definitiv der klassische »Lust- und Frust-Shopper«. Als Belohnung oder Trostpflaster kann ich enthemmt einkaufen, ohne mir ein schlechtes Gewissen aufzuerlegen. Dann kaufe ich kofferweise ein und zahle mit der Kreditkarte, ohne auf den Preis zu achten. Das geschieht zwar selten, aber wenn,

18 Christen sollen äußerlich so natürlich und normal auftreten wie die Welt um sie herum; das geht aus Matthäus 6,16-18 deutlich hervor.

> dann richtig. Beim letzten großen Liebeskummer habe ich mir eine komplette Garderobe zugelegt, die ich heute noch gerne trage.[19]

Modische Kleider sind nicht falsch! Das Problem ist nur: Wenn all unser Streben auf das rein Äußerliche, Materielle ausgerichtet ist, entstehen neue Sorgen, ja wir offenbaren die Leere einer Existenz ohne Gott. Christus fragt: *»Wollt ihr denn leben wie die Menschen, die Gott nicht kennen?«*
Der Ausdruck »die Menschen, die Gott nicht kennen« übersetzt im Neuen Testament ein einziges Wort: *ethnoi.* Gemeint sind »heidnische Völker«, Leute, die Gott aus ihrem Denken und Handeln ausklammern. Die Argumentation ist nahe liegend: Die Götter der Heiden waren furchterregend. Sich zu grämen ist für den natürlichen Menschen die natürliche Reaktion, denn er hat ja nur sich selbst, dem er vertrauen kann. Christen, die sich sorgenvoll aufregen, bezeugen damit, dass ihr Gott nicht vertrauenswürdig ist. Eine grüblerische Angst bringt Misstrauen zum Ausdruck. Haddon Robinson formuliert es scharf, wenn er schreibt: »Verzagte Ängstlichkeit ist in der Tat eine Form des Atheismus.«[20] Wer Gott »Vater« nennt, bei dem sollte ein Unterschied ersichtlich sein in der Art und Weise, wie er mit seinen täglichen Bürden umgeht.
Persönliche Frage: Wie würdest du die Stabilität deines Glaubens beschreiben? Gibt es Prüfungen, die du bereits bestanden hast? Welche Christen kennst du, die dir als Vorbild in der Bewältigung von Sorgen eine Hilfe sind?

> Der Mensch lebt und bestehet
> nur eine kurze Zeit
> und alle Welt vergehet
> mit ihrer Herrlichkeit.
> Es ist nur *Einer* ewig und an allen Enden
> und wir in seinen Händen.
> (Matthias Claudius)

[19] YoYo, 13/1995, S. 34, »Die Lust am Kaufen.« Alicia Rauschert (24).
[20] Robinson, Haddon. *The Solid Rock Construction Company.* Discovery House, Grand Rapids, Michigan, 1989, S. 71.

Sorgen sind wirkungslos

Am Schluss bringt Christus das ganze Thema auf einen gemeinsamen Nenner.
Er fasst mit diesen zeitlosen Worten zusammen:

> *Gebt nur Gott und seiner Sache den ersten Platz in eurem Leben, so wird er euch auch alles geben, was ihr nötig habt. Deshalb habt keine Angst vor der Zukunft! Es ist doch genug, wenn jeder Tag seine eigenen Lasten hat. Gott wird auch morgen für euch sorgen. (Matthäus 6,33-34 Hoffnung für alle)*

Es geht da um unsere Prioritäten: *»Gebt nur Gott und seiner Sache den ersten Platz in eurem Leben …«* Luther übersetzt Matthäus 6,33 so: *»Trachtet zuerst nach dem Reich Gottes und nach seiner Gerechtigkeit.«* Das »Reich Gottes« umfasst nicht ein geographisches Territorium, sondern eine persönliche Herrschaft.[21] Gottes Reich den ersten Platz einzuräumen bedeutet nichts anderes, als sich Gottes Willen zu unterstellen. Bruns übersetzt: *»Sucht in erster Linie nach der Königsherrschaft Gottes … «*
Wenn wir uns um *etwas* sorgen sollen, dann um Gottes Reich. Unsere Besorgnisse drehen sich so oft um völlige Nichtigkeiten. Jesus meint: Wenn schon sorgen, dann wenigstens um etwas Wichtiges, etwas, was sich lohnt, etwas wie das Reich Gottes und sein Einfluss im Leben von Menschen! Schließlich beten wir ja im »Unser-Vater«: *»Dein Reich komme; dein Wille geschehe, wie im Himmel so auch auf Erden!«* (Matthäus 6,10 Elberfelder)
Uns ist also eine Wahl überlassen: Werden wir uns aufregen über Banalitäten, oder ist uns *Gottes Sache* eine Sorge wert? Der Abschnitt endet mit dem Hinweis, dass unsere Bekümmernisse für morgen wirkungslos sind. Ein rabbinisches Zitat hat diese Feststellung aufgegriffen:

> Mach dir keine Gedanken über das, was morgen Schlimmes sein könnte, denn du weißt ja nicht, was der heutige Tag dir

21 Griech. *basileia.*

> bringen wird. Vielleicht bist du morgen gar nicht mehr am Leben und sorgst dich um etwas, was dich gar nicht mehr betrifft.[22]

Das stimmt wohl, riecht jedoch ein wenig nach Verdrängung. Christus hat nicht so argumentiert; er erkannte an, dass die Realität am heutigen Tag mühsam sein kann: *»Jeder Tag hat an seiner eigenen Mühe genug.«* (Matthäus 6,34 b Bruns).
»Rege dich nicht auf, das wird schon wieder besser« – solche Sprüche sind ein schwacher Trost; manches wird nicht wieder besser, es gibt Situationen, die sind tatsächlich so schlimm, wie sie aussehen. Hiob weiß das aus eigener Erfahrung, er berichtet ehrlich: *»Es kommt über mich, wovor ich Angst habe, es trifft mich, wovor ich schaudere.«* (Hiob 3,25 Bruns)
Seien es Bagatellen, die uns beunruhigen, seien es berechtigte Ängste – in beiden Fällen gibt es eine Alternative, die immer hilft, auch dann, wenn die Prognosen ungünstig stehen:

> *Darum sorgt euch in keiner Weise! Ihr dürft alle Anliegen im Gebet und Flehen mit herzlichem Danken vor Gott ausbreiten. Dann wird der Friede Gottes, der weiterreicht als unser Denken, eure Herzen und eure Gedanken in der Geborgenheit durch Jesus Christus bewahren. (Philipper 4,6-7 Bruns)*

Da ist Handlungsbedarf

Was Jesus in Matthäus 6 sagt, ist in der Praxis anwendbar, wenn wir daraus die nötigen Konsequenzen ziehen. Biblische Instruktion, medizinische Kenntnis und psychologische Einsicht verlangen eine konkrete Reaktion. Zwei Anwendungsbereiche bieten sich an:

22 Barclay, William. *Matthäusevangelium.* Aussaat, Neukirchen-Vluyn, 1986, Band 1, S. 231.

Heute leben

Wer von euch kann durch Sorgen sein Leben auch nur um einen Tag verlängern? (Matthäus 6,27)

Die Antwort auf die Frage von Christus ist offensichtlich. Kein Maß an Besorgnis hat lebensverlängernde Wirkung. Im Gegenteil, Zukunftsängste fordern einen hohen gesundheitlichen Preis. Gerade deshalb ermahnt Jesus dazu, *heute* zu leben. Im »Unser Vater« beten wir um das *tägliche* Brot – nicht um das von gestern, nicht um das für morgen, sondern um das von heute. Nur diese Art von Brot ist für uns bekömmlich, und nur wer heute lebt, lebt in der Gegenwart.

Sir William Osler, Professor für Medizin in Oxford, hielt einst vor den Studenten der Universität Yale eine Rede. Einige Monate vor seiner Ansprache war er mit einem großen Ozeandampfer über den Atlantik gefahren. Diese Erfahrung verhalf ihm zu einer einprägsamen Illustration:

> Der Kapitän auf der Brücke konnte auf einen Knopf drücken, man hörte Maschinen rattern, und sofort waren die verschiedenen Teile des Schiffes hermetisch voneinander abgeschlossen – in wasserdichte Abteilungen.
>
> »Nun ist jeder von Ihnen aber eine noch weit erstaunlichere Schöpfung als dieser Ozeandampfer«, sagte Dr. Osler zu jenen Yale-Studenten, »und auf einer viel längeren Reise unterwegs. Ich habe daher die dringende Bitte an Sie, die Beherrschung dieses Mechanismus zu lernen, das heißt in Tageseinheiten zu leben, weil dies die beste Methode ist, sicher zu reisen. Gehen Sie auf die Brücke und sorgen Sie dafür, dass wenigstens die wichtigsten Schotten richtig schließen. Drücken Sie auf den Knopf und hören Sie, wie auf jeder Ebene Ihres Lebens die eisernen Türen die Vergangenheit abschließen – das tote Gestern. Drücken Sie auf einen andern Knopf und verriegeln Sie mit einem eisernen Vorhang die Zukunft – das ungeborene Morgen. Dann sind Sie sicher – für heute sicher! Schließen Sie die Vergangenheit weg! Lassen Sie die tote Vergangenheit ihre Toten begraben... Denken Sie nicht mehr an das Gestern ... *Wenn die Bürde von morgen mit der von gestern heute getragen werden muss, wankt auch der Stärkste* ... Verbannen Sie auch die Zukunft aus Ihrem Leben, so endgültig wie die

> Vergangenheit ... Die Zukunft ist heute ... Es gibt kein Morgen. Der Rettungsanker ist das Heute.[23]

Natürlich wollte der Professor damit keineswegs ausdrücken, dass wir nicht für die Zukunft planen sollten, sondern er wollte klarmachen, dass die beste Vorbereitung für die Zukunft darin liegt, sich auf das Heute zu konzentrieren. Lange vor Sir Osler hat der Sohn Gottes gesagt: »Seid nicht besorgt.« Sein Wort gilt immer noch.

> *Jetzt aber habe ich erkannt: Alles, was Gott tut, geschieht nach einem ewigen Gesetz. Der Mensch kann nichts hinzufügen und nichts davon wegnehmen. Er kann nur Gott für sein unbegreifliches Tun verehren; das ist es, was Gott von ihm will. (Kohelet 3,14)*

Prinzip 1: Gliedere dein Leben in Einheiten von Tagen. Ein Tag auf einmal ist genug zu bewältigen. Wer im Heute lebt, schont seine Gesundheit.

Grenzen setzen

Da steht einer am Morgen auf und hat vielleicht drei Aufgaben vor sich für diesen Tag. Am Abend sind zwei der drei Aufgaben erledigt, eine davon nur halb. Für viele Leute ist das kein Problem. Der Perfektionist jedoch kann damit nicht leben. Er hat auf seiner Liste 20 Dinge, die alle auszuführen sind. Weil er am Abend nur 15 von 20 Aufgaben bewältigt hat, ist er unzufrieden mit sich selbst. Sein Gewissen plagt ihn, weil er »versagt« hat. Er überlegt nicht, dass seine Aufgabenliste unrealistisch sein könnte. Und hätte er tatsächlich alles erledigt, so würde er das nächste Mal die Anforderungen an sich noch höher schrauben. Das Resultat: selbstverschuldeter Stress.
Der letzte Satz von Matthäus 6 wird in der »Guten Nachricht« so übersetzt: *»Ihr habt genug zu tragen an der Last von heute«*

23 Carnegie, Dale. *Sorge dich nicht – lebe!* Scherz, Bern, 1984, S. 22.

(Matthäus 6,34b). Jeder Tag hat seine eigene Bürde. Lasten, die nicht begrenzt werden, können krank machen. Leute mit zwanghaften Tendenzen lassen sich so unter Druck setzen, dass ihnen das Leben zur Qual wird. Das ist tragisch, denn jeder von uns hat es in der Hand, die Ansprüche an sich selbst und an andere zu korrigieren. Gott überfordert niemanden, das tun wir selbst.[24]

Prinzip 2: Setze deinen Sorgen eine Grenze. Wer Ärger und Angst in Gottes Hände legt, findet Ruhe.

Warren Wiersbe sagte einmal: »Die meisten von uns kreuzigen sich zwischen zwei Dieben: dem Bedauern über Gestern und dem Sorgen um den Morgen.« Brich mit der Gewohnheit, dir Kummer zu machen, bevor du selbst daran zerbrichst! Zukunftsängste lassen sich bewältigen, wenn wir lernen, in Tageseinheiten zu leben und Gott in der Stille zu konsultieren.

Augen auf und durch

Sucher:

Die Angst vor Gott lässt sich nicht dadurch überwinden, dass ich sage: »Lieber Gott, ich habe keine Angst vor dir.« Sie wird vielmehr an der Stelle gelöst, wo ich das ehrlich annehmen kann, was der Sohn Gottes sagt: »Dir sind deine Sünden vergeben!« Es gibt am Ende nur einen Weg, die Seele wirklich gründlich zu »entsorgen«: durch den, der sich selbst als »der Weg« bezeichnet. Wo stehst du? Immer noch zögernd und zweifelnd am Straßenrand? Shake it, baby, es ist an der Zeit, Farbe zu bekennen!

24 Siehe 1. Korinther 10,13. Paulus spricht hier von »Versuchung«. Der Versuch, sich mehr abzuverlangen als was Gott erwartet, ist eine Form der Versuchung, der manche Leute aus nicht immer reinen Motiven erliegen.

Insider:

Das Wort »sorgen« bedeutet buchstäblich »in unterschiedliche Richtungen gezogen werden«. Furchtsamkeit bewirkt genau das: Man ist innerlich zerrissen. Sorgen verschleißen den Menschen nicht nur geistig, sondern auch körperlich. Hast du das schon selbst erfahren? Kannst du ein Beispiel dafür mit deiner Kleingruppe besprechen?
Bitte überdenke den Text in Matthäus 6,25-34 und diskutiere die folgenden Fragen:

– Matthäus 6,19-24 setzt den Rahmen der Aussage Jesu. Welches Thema bestimmt den Hintergrund der Warnung, sich nicht zu sorgen? Matthäus 6,19-21 sollte einige Fragen aufwerfen. Welche beschäftigen dich?
– Wie würdest du den Abschnitt Matthäus 6,25-34 auf einen Satz reduzieren? Versuche möglichst präzis eine Zusammenfassung zu formulieren!

____

____

– Die heutigen wirtschaftlichen Umstände verleihen Matthäus 6,25 neue Aktualität. Welche beruflichen Sorgen plagen dich im Moment?
– Christus nennt zwei Beispiele aus der Natur, um sein Kernargument zu illustrieren. Was haben die beiden Illustrationen gemeinsam? Was wollen sie verdeutlichen?
– Manche Sorgen wollen wir bewusst nicht loslassen, aus Angst vor Veränderung. Könnte dich das auch persönlich betreffen? Gibt es destruktive Gewohnheiten in deinem Leben, die du loslassen solltest? Wenn du den Mut dazu aufbringst, bitte deine Kleingruppe um Gebetsunterstützung.
– Im Zusammenhang mit Matthäus 6,27 wurde auf das Verhalten des Hypochonders hingewiesen. Wir können durch unser Sorgen das Leben »auch nicht um einen Augenblick verlängern« (Hoffnung für alle). Was hat das mit dem Problem des Hypochonders zu tun? Und wie würdest du ar-

gumentieren, wenn jemand sagt: »Als Christ liegt mein Schicksal in Gottes Hand, er ist mein Arzt, ich brauche keine medizinische Hilfe«?

– Matthäus 6,34 beinhaltet beides: eine Kunst und ein Geheimnis. Wie können wir lernen, einen Tag aufs Mal zu leben? Der ganze Abschnitt hat eine »Jetzt«-Perspektive. Wo liegt für dich die praktische Anwendung? Vgl. Philipper 4,6 und 1. Petrus 5,7.

3. Angst vor Ablehnung

Psalm 118,5-6

Otto Hahn, der deutsche Chemiker und Atomforscher, fand Ende 1938 bei einem Experiment eine Substanz, die er nicht zuordnen konnte. Zusammen mit seinem Assistenten hatte er Uran mit Neutronen beschossen, dabei entstand eine Spur von Barium. Wie kam dieses Element in das Uran? Die beiden Wissenschaftler fanden einfach keine Erklärung, sie standen vor einem Rätsel.

> Hahn wusste, bei wem er vielleicht Nachhilfe bekäme. Er wandte sich an die Frau, mit der er seit 31 Jahren im Institut zusammenarbeitete – an Lise Meitner, die erste Physikprofessorin Deutschlands, die wenige Monate zuvor wegen ihrer jüdischen Abstammung vor den Nazis aus Berlin hatte fliehen müssen.
> In das Exil der Kollegin, ein brüchiges Hotel in Stockholm, schickte Otto Hahn am 22. Dezember 1938 den Artikel, den er im Fachblatt *Naturwissenschaften* veröffentlichen wollte. Er bat die »liebe Lise«, über das Barium-Rätsel nachzudenken. »Vielleicht kannst du irgendeine phantastische Erklärung dafür vorschlagen.«
> Was Lise Meitner, damals 60, zu den Befunden einfiel, war nicht phantastisch, es war epochal. Gemeinsam mit ihrem Neffen Otto Robert Frisch lüftete die zarte 47-Kilo-Frau bis zum Neujahrstag 1939 das Geheimnis aus Hahns Labor: Das Uran in der Versuchsanordnung war auseinander gebrochen in Barium und andere leichte Elemente – die Atomkerne, die den meisten Wissenschaftlern bis zu diesem Tag als unteilbar galten, hatten sich in Hahns Neutronenhagel gespalten.
> Der Neujahrstag, an dem Meitner und Frisch den Brief mit der Theorie der Kernspaltung an Hahn abschickten, war der wissenschaftliche Höhepunkt in der Karriere der gelehrten Frau. Im Nachhinein jedoch ... füllte dieser Tag ihr Leben auch mit Bitterkeit.
> Denn während Hahn nach dem Krieg mit Ämtern und Ehren überschüttet wurde und den Nobelpreis für die Entdeckung ganz allein entgegennahm, geriet die bedeutendste Frau der

> deutschen Physik fast in Vergessenheit. Ihr Kollege Hahn (»Hähnchen«) hatte sie verraten: Bis zu beider Tod im Jahre 1968 leugnete er ihren Anteil an der Entdeckung, die wie keine andere das 20. Jahrhundert geprägt hat.
> In der Nazi-Diktatur glaubte Hahn, der kein NSDAP-Parteibuch besaß, die heimliche Zusammenarbeit mit der Jüdin Meitner verschweigen zu müssen, um sich selbst zu schützen. Doch auch nach dem Krieg hielt er am selbst gezimmerten Mythos der einsamen Forschungstat fest. Er behauptete gar, Lises erzwungener Weggang habe sein Experiment erst möglich gemacht – sie hätte ihm die Uranspaltung sonst »verboten«.[1]

In einer 1996 erschienenen Biografie über Lise Meitner wird nachgewiesen, dass das nicht stimmt.[2] Die Experimente von Otto Hahn wurden durch die Initiative der Physikerin durchgeführt. Hahn holte sich per Post regelmäßig Rat von ihr. Lise Meitner war es, die den späteren Nobelpreisträger auf die heiße Spur gesetzt hatte und zudem die Erklärung für die Kernspaltung lieferte.

> »Lise Meitner hat unsere Arbeitsgruppe auch im Exil intellektuell angeführt«, beteuerte stets auch Fritz Strassmann. Doch die Worte des Mannes, der im Schatten Hahns wirkte, fanden wenig Gehör. Vielen Fachleuten gilt Lise Meitner bis heute nicht als vollwertige Forscherin neben Hahn, sondern lediglich als seine langjährige Mitarbeiterin.
> Gegen Hahns Geschichtsklitterei hat Lise Meitner nie laut aufbegehrt, nur im Zwiegespräch mit ihm tat sie ihren Missmut kund. Wütender Protest gegen selbsterlittenes Unrecht lag nicht im Naturell dieser scheuen, bescheidenen Frau. Sie war aus Leidenschaft in eine Männerwissenschaft vorgedrungen; Kränkungen zu ertragen, war sie gewohnt.[3]

Aus Liebe zur Physik hat Lise Meitner ein spartanisches Leben geführt. Sie arbeitete für einen Hungerlohn, musste völlig mittellos ins Ausland fliehen und geriet dort in Vergessenheit. Ihr Forscherkollege Otto Hahn hingegen wurde berühmt und ver-

1 Der Spiegel, 21/1996, S. 208 f. »Klaglos im Keller«.
2 Lewin, Ruth. *Lise Meitner – A Life in Physics.* University of California Press, Berkeley, 1996.
3 Der Spiegel, 21/1996, S. 209.

weigerte ihr die Anerkennung, die sie mehr als verdiente.[4] Ein bitteres Unrecht, gegen das sie sich nicht wehren konnte oder wollte.

Harte Bandagen

Ablehnung, egal in welcher Form, schmerzt. Viele unserer tiefsten Ängste haben zu tun mit der Furcht vor Zurückweisung. Wir können es ertragen, wenn jemand unsere Meinung nicht teilt oder unseren Ansichten widerspricht. Wird aber die eigene Person abgelehnt, dann ist das viel schwerer zu verkraften. Ablehnung geschieht wegen allem und jedem. Da können ganz unwesentliche Gründe der Auslöser sein, beispielsweise wenn:
- unsere Nase zu krumm ist
- unsere Figur nicht dem Schlankheitsideal entspricht
- unsere Kleidung nicht passt
- wir Gefühle zeigen
- wir in Gegenwart anderer erröten oder zittern
- wir eine Prüfung nicht bestanden haben
- wir etwas für uns selbst tun, statt es erst allen anderen recht zu machen
- und und und ...

Den meisten von uns ist es wichtig, von den anderen anerkannt, gemocht und geliebt zu werden. Fehlt diese Zuwendung, dann kann einem schon bange werden!
Gott hat den Menschen als soziales Wesen geschaffen. Das heißt, wir brauchen mehr als nur losen Kontakt mit anderen, wir brauchen Gemeinschaft und Akzeptanz in unseren zwischenmenschlichen Beziehungen. Mose schreibt in der Genesis:

> *Und Gott, der Herr, sprach: Es ist nicht gut, dass der Mensch allein sei ... (1. Mose 2,18 a Elberfelder)*

4 Erst lange nach ihrem Tod erinnerte sich die Forschergemeinde an die bedeutende Kollegin. Das 109. Element heißt seit 1994 Meitnerium.

Das Einzige, was am Ende des gesamten Schöpfungsberichtes aus Gottes Sicht als »nicht gut« eingestuft wurde, war das Alleinsein. Schon dem ersten Menschen wurde dieser Mangel schnell bewusst, als er begann, seine Verantwortung wahrzunehmen.[5] Seit der Urgeschichte hat sich an dieser Tatsache nichts geändert: Einsamkeit tut weh. Fortschreitende Isolierung, verursacht durch die Anonymität der Städte, durch die Technologisierung der Arbeitsplätze, durch die Bildung von Single-Haushalten, macht unser Defizit an Gemeinschaft nur noch deutlicher.

Wie wichtig Beziehungen für uns sind, zeigt sich schon daran, mit welchen Mitteln wir nach Aufmerksamkeit und Zuwendung streben, wo sie uns vorenthalten werden. Das kann so weit gehen, dass jemand krank wird oder eine Krankheit vortäuscht, um Aufmerksamkeit zu bekommen.[6] Meine Frau war als Kind ständig erkältet. So weit sie sich zurückerinnern kann, sind in ihrer Jugend immer irgendwelche gesundheitlichen Probleme im Wege gestanden. Erst als erwachsene Frau ist ihr klar geworden, dass diese Schwierigkeiten ein unbewusster Hilferuf waren an Eltern, die zwar lieb, aber zu oft abwesend waren.

Avanti Dilettanti

Paradox ist, dass wir Zuwendung dringend brauchen und gerne mit anderen Menschen zusammen sind, aber gleichzeitig Nähe uns Angst macht. Wir brauchen Menschen um uns und fürchten sie doch! Was andere Leute von uns denken, was sie über uns sagen, wie wir auf sie wirken, darüber sind wir besorgt, das schafft uns oft große Schwierigkeiten. Salomo schreibt:

> *Wer Menschen fürchtet, gerät in eine Falle; wer Gott vertraut, lebt in Sicherheit. (Sprüche 29,25)*

5 Vgl. 1. Mose 2,20-22. Siehe auch Kohelet 4,9-12.

6 Das heißt nicht, dass es nicht Zeiten gibt, wo wir das Alleinsein als wohltuend empfinden. Doch es besteht ein Unterschied zwischen selbst erwähltem Alleinsein und erduldeter Einsamkeit. Vgl. Psalm 25,16.

Der Kontrast zwischen Vertrauen und Furcht ist aufschlussreich. Wer sich konstant darum kümmert, wie andere über ihn urteilen, der sabotiert sich selbst! Innere Sicherheit ist das Resultat eines gefestigten Vertrauens zu Gott. Sich auf Menschen zu verlassen, heißt, früher oder später enttäuscht zu werden. Menschenfurcht wird zur Schlinge, wenn sie beginnt, dein Leben zu kontrollieren. Die Meinung von andern kann einen derart unter Druck setzen, dass der eigene Handlungsspielraum eingeschränkt wird. Salomo erklärt: Befreiung von solch ungesunden Bindungen geschieht durch eine Neuorientierung des Vertrauens.[7] Gott allein ist in jeder Hinsicht vertrauenswürdig. Wenn wir voneinander das erwarten, was nur Er tun kann, ist Frust die garantierte Folge. Egal, wie sehr sich jemand anstrengt, es ist nicht möglich, jedermann zu gefallen. Furcht vor Menschen hat weitreichende Konsequenzen:

Manipulation durch andere:

Aus Furcht vor Zurückweisung tun wir Dinge, die wir unter normalen Umständen gar nicht tun würden. Versicherungsvertreter z. B. können ihre Sachkompetenz manipulativ einsetzen. Manche Leute kaufen bestimmte Dinge, bloß weil sie nicht dumm dastehen wollen.

Zwang, dem Gruppendruck nachzugeben:

Die Scheu vor Menschen kann bewirken, dass sich jemand in einer Gruppe nicht mehr getraut, er selbst zu sein: Identitätsverlust als Folge von Ablehnungsangst.

Versuchung, die Wahrheit zu verdrehen:

Was steckt hinter der Tendenz zu lügen? Oft ist es die Angst vor dem andern. Wenn die Wahrheit peinlich ist, fürchte ich, den

7 Siehe auch Sprüche 10,27 und 12,2 sowie Apostelgeschichte 5,29.

Respekt des Gesprächspartners zu verlieren. Mogeln ist dann der einfachste Weg, der Ablehnungsangst auszuweichen; wenigstens scheint es so für den Moment.

Behinderte Liebe:

Angst vor Abweisung blockiert auch das Geben und Empfangen von Zuneigung. Negative Erfahrungen im Umgang mit Menschen bleiben in unserem Gedächtnis haften und wirken als Hemmfaktor. Wer in seinen sozialen Fähigkeiten verunsichert ist, der getraut sich selten aus dem Schneckenhaus.

Gehemmter Sex:

Schüchternheit kann intime Beziehungen schwierig und genussreiche Liebeserfahrungen unmöglich machen. Ein ganz persönliches Problem, das aber auch den Partner und die Familie betrifft.

Gestörte Kommunikation:

Mangelndes Selbstvertrauen mag angeboren oder erlernt sein. Tatsache ist, dass die Angst vor Ablehnung dazu führt, dass der Betroffene gehemmt ist, sich offen mitzuteilen. Die mangelnde Fähigkeit, sich selbst zu offenbaren, hindert den Zugang zu andern.

Einsamkeit:

Wer aus Angst vor Abweisung sein Leben konstant danach ausrichtet, Situationen zu vermeiden, in denen er irgendwie bloßgestellt werden könnte, wird bald einsam. Barrikaden statt Brücken zu bauen fördert die Isolierung.

Depression:

Der Gedanke, von der Anerkennung anderer abhängig zu sein, macht das Leben schwer. Manche Leute werden depressiv, weil die Meinung ihrer Mitmenschen ihr Verhalten bis zur Fremdbestimmung beherrscht.

Auf Nummer sicher

Das Neue Testament schildert eine Situation, die das Problem der Menschenfurcht eindrücklich illustriert. Johannes berichtet darüber:

> *Es gab zwar viele führende Juden, die Vertrauen zu Jesus hatten, aber wegen der Pharisäer sprachen sie nicht öffentlich darüber; denn sie wollten nicht aus der Synagogengemeinde ausgeschlossen werden. Der Beifall von Menschen war ihnen lieber als die Anerkennung von Gott. (Johannes 12,42-43)*

Jesus hat nicht nur tauben Ohren gepredigt. Es hat auch unter der religiösen Elite des Landes Leute gegeben, die ihm ihr Vertrauen schenkten. Doch aus Angst vor Ablehnung wagten es viele nicht, sich öffentlich zu Christus zu bekennen. Die Furcht, von der Synagoge ausgeschlossen zu werden und das Ansehen der Mitjuden zu verlieren, war so groß, dass sie schwiegen. Doch es ist schwierig, inkognito Christ zu sein. William Barclay bringt es auf den Punkt, wenn er sagt:

> Diese Menschen versuchten etwas Unmögliches. Sie glaubten, sie könnten Jesus insgeheim anhängen. Doch heimliche Nachfolge ist ein Widerspruch in sich selbst. Entweder stellt nämlich die Geheimhaltung die Nachfolge in Frage, oder aber die Nachfolge macht die Geheimhaltung unmöglich. Der christliche Glaube lässt sich nicht an Halbherzigkeit genügen, wie diese Männer es versuchten.[8]

Menschenlob ist unbeständig und kurzlebig. Wer sich von der Meinung und dem Ansehen anderer kontrollieren lässt, gerät

8 Barclay, William. *Johannesevangelium.* Aussaat, Neukirchen-Vluyn, 1970, Band 2, S. 189.

in Konflikt mit Gott und sich selbst.[9] Angst vor Ablehnung beeinflusst jeden Aspekt unseres Lebens.

> *Ich, der Herr, bin es, der eurem Leiden ein Ende macht. Wie kommt ihr dazu, euch vor Menschen zu fürchten, die doch sterben müssen, die vergänglich sind wie Gras? (Jesaja 51,12)*

WER SICH NICHT WEHRT, LEBT VERKEHRT

Es kann sein, dass die Furcht, zurückgewiesen zu werden, für dich nicht direkt ein Problem ist, trotzdem fühlst du dich oft gehemmt. Fremde Menschen, ein neues Umfeld, Autoritätspersonen, Angehörige des anderen Geschlechts verunsichern dich, mit dem Resultat, dass du unter deinem Potential lebst. Im Alltag sind wir immer wieder mit Herausforderungen konfrontiert, die eine Dosis Mut erfordern:

> Der Chef meiner Tochter, ein Bücherexperte von sehr kleiner Statur, traf mit einer prallen Aktenmappe im Gerichtssaal ein. Der Anwalt der Gegenpartei war ein wahrer Goliath, der, als er den Winzling sah, quer durch den Saal rief: »Nun, kleiner Mann, was haben Sie in ihrer Tasche?« Ohne aufzublicken, erwiderte der: »Fünf glatte Steine.«[10]

Nicht jeder ist ein David, aber jeder kann lernen, zu seiner Meinung zu stehen. Christsein und Schüchternsein gehören nicht zwingend zusammen. Von Jesus wissen wir, dass er Mut bewies, auch dann, wenn seine Worte auf scharfe Ablehnung stießen:

> *Die Leute kamen also zu Jesus und fragten ihn: »Meister, wir wissen, dass du unbestechlich bist. Du sagst die Wahrheit, ohne darauf Rücksicht zu nehmen, was die Leute hören wollen. Du lehrst, wie wir nach Gottes Willen handeln sollen.« (Lukas 20,21 Hoffnung für alle)*

9 Vgl. 1. Samuel 15,1-30 und Johannes 9,13-23.
10 Das Beste, 1/1995, S. 138, Rev. Frank H. Morgan.

»Jeder hat seinen Preis«, sagten die Schriftgelehrten, »du aber nicht.« Mit dieser Schmeicheleinheit wollten sie Jesus einbuttern. Ihre Worte waren geheuchelt, aber alles, was sie hier über ihn sagten, traf exakt zu. Christus *war* unbestechlich, Furcht vor Menschen kannte er nicht. Er redete die Wahrheit, ohne Rücksicht darauf, was andere über ihn dachten.[11]

Keiner von uns könnte das so von sich behaupten. Menschenfurcht und Schüchternheit können uns lebenslänglich belasten. Es gibt eine angeborene und eine erlernte Schüchternheit. Mein eigenes Befangensein war schon als Kind ersichtlich. Wenn meine Mutter mich zum Einkaufen schickte, war ich immer froh, wenn mein Bruder mitkam. Gab es beim Metzger eine mündliche Bestellung aufzugeben, wollte ich nicht reden, sondern schob meinen kleinen Bruder vor. Rolf hatte damals einen Sprachfehler, aber ein gesundes Selbstbewusstsein. Munter stotternd redete er mit dem Metzger, während ich gehemmt neben ihm stand. Eine paradoxe Situation. Erst über die Jahre entschärfte sich dieser Zustand.

Schüchternheit kann auch später im Leben erworben werden und wirkt sich oft problematisch aus. Ein gehemmter Single beispielsweise hat weniger Verabredungen als ein selbstsicherer. Gelegenheiten, Leute kennen zu lernen, werden gemieden; dadurch verringern sich die Chancen, einen potentiellen Partner zu treffen. Dazu kommen noch andere Schwierigkeiten, die Jonathan Cheek einleuchtend beschreibt:

> Im Gegensatz zu selbstsicheren Leuten, die dazu neigen, für jede Begegnung offen zu sein, bleiben schüchterne Menschen fest auf die Person fixiert, mit der sie ausgehen. Aus mangelnder Aktivität geraten sie in eine ausschließliche Bindung, bevor sie überhaupt wissen, ob ihr Partner wirklich zu ihnen passt. Anstatt sich der Herausforderung zu stellen, einen neuen, vielleicht angemesseneren, Partner zu suchen, ziehen schüchterne Menschen es vor, an einer ausschließlichen Bindung festzuhalten bis ganz zuletzt. Wenn eine unglückliche

11 Seine Antwort auf die Frage, ob der römischen Obrigkeit Steuern zu zahlen seien, war brillant. Siehe Lukas 20,23-26.

> Beziehung durchgestanden wird bis zum bitteren Ende, können die Folgen verheerend sein ...[12]

Die Folgen sind vor allem dann tragisch, wenn zwei schüchterne Partner zu gehemmt sind, um eine Beratung aufzusuchen. Selbst da, wo keine optimalen Voraussetzungen in der Familie bestehen, lassen sich dennoch viele Hindernisse mit Hilfe eines kompetenten Therapeuten bewältigen.[13] Auch Ängste und Hemmungen können durch gezielte Strategien und mit Gottes Hilfe mindestens angegangen werden. Davids Worte sind ein Aufsteller, er betet in Psalm 25:

> *Herr, zeige mir, welchen Weg ich einschlagen soll, und lass mich erkennen, was du von mir willst! Schritt für Schritt lass mich erfahren, dass du zuverlässig bist. Du bist der Gott, der mir hilft, du warst immer meine einzige Hoffnung. (Psalm 25,4-5 Hoffnung für alle)*

Um fair zu sein: Schüchternheit darf nicht einseitig als negatives Verhalten beurteilt werden. Es ist im beruflichen und familiären Umfeld wesentlich einfacher, mit scheuen Menschen zu leben als mit arroganten. Ursula Nuber hat diese ermutigende Feststellung zum Thema gemacht:

> Auch wenn es die Betroffenen selbst nur selten wahrnehmen und vielleicht auch zunächst nicht glauben wollen: Schüchternheit hat nicht nur negative Seiten. Schüchterne Menschen sind oft sehr angenehme Mitmenschen, vorausgesetzt, man nimmt sich die Zeit, sie genauer kennen zu lernen. Sie gelten als gute Zuhörer, sie sind aufmerksam und können sich gut in andere Menschen einfühlen. Gewinnt man sie zum Freund, sind sie äußerst loyal und treu.

12 Cheek, Jonathan. *Warum so schüchtern?* Kösel, München, 1993, S. 180-181. Das Buch von J. Cheek ist eine Fundgrube von praktischen Hinweisen und Hilfen. Der Test des Projektes am Ende dieses Kapitels stammt von ihm (Cheek, S. 67-68).

13 Scheidung, das Zerbrechen der gemeinsam geschaffenen Welt, löst das Problem nicht, denn die Schüchternheit wird als Schranke auch bei der nächsten Bindung drohend im Wege stehen.

Auch die Ehepartner von Schüchternen betonen die positiven Auswirkungen dieser Persönlichkeitseigenschaft. Während schüchterne Menschen von Fremden meist als zurückgezogen und ungeschickt wahrgenommen werden, bezeichnen Ehepartner sie als bescheiden, einfühlsam, diskret und sanftmütig. Die Ehen von Schüchternen gelten als solider, befriedigender und dauerhafter als andere Ehen.
Weil sie sich sozial sehr zurückhalten, wirken Schüchterne auf den ersten Blick häufig langweilig und, wie eine amerikanische Studie zeigt, auch als weniger intelligent. Diese Einschätzung ändert sich aber, sobald man sie näher kennenlernt ... »Wenn man eine schüchterne Person wirklich kennengelernt hat, dann wird man sie auch lieben«, sagt der Psychologe Jonathan Cheek. »Nur leider nimmt das mehr Zeit in Anspruch, als viele bereit sind zu investieren.«[14]

Wie man Schüchternheit überwindet

Viele von uns haben Probleme, wenn es darum geht, die Initiative zu ergreifen und zwischenmenschliche Kontakte herzustellen. Wir scheuen uns besonders, auf Fremde oder beruflich Höhergestellte zuzugehen, aus Angst, uns zu blamieren, erniedrigt oder bloßgestellt zu werden. Wir leben oft in psychischen Zwangsjacken.

Schüchterne Menschen gab es zu allen Zeiten. Neuerdings jedoch scheint die Angst vor den anderen zuzunehmen. Immer mehr Menschen haben Schwierigkeiten, soziale Situationen im Alltag selbstsicher zu meistern. Die meisten »Menschenängstlichen« leben unerkannt unter uns – und bleiben mit ihrem Leid allein.[15]

Was lässt sich tun, um diese Hemmungen abzubauen? Wie gelingt es uns, die soziale Ängstlichkeit zu überwinden und die Furcht vor Autoritäten zu bewältigen?[16]

14 Psychologie Heute, 3/1996, S. 22. »Die positive Seite der Schüchternheit.«
15 Psychologie Heute, 3/1996, S. 21. »Die Angst vor den anderen.« Ursula Nuber.
16 Natürlich gibt es in jeder Menschengruppe auch die selbstbewussten Selbstdarsteller, die Auftrumpfer und die Wichtigtuer. Doch solches Verhalten kann auch Hemmung im Tarnkleid sein. Man versucht, die soziale Inkompetenz durch Arroganz zu kompensieren.

Jeder Mensch hat mindestens drei emotionale Grundbedürfnisse: den Wunsch, *geliebt* zu werden, den Wunsch, *geachtet* zu werden und den Wunsch, *gebraucht* zu werden. Auf diesen drei Säulen ruht ein gesundes Selbstbild. Je solider diese Säulen stehen, desto eher sind wir in der Lage, Erschütterungen zu ertragen.
Schüchternheit und geringe Selbstachtung gehen Hand in Hand. Wenn die Schüchternheit groß ist, ist die Selbstachtung gering; und wenn die Achtung groß ist, verschwindet die Schüchternheit. Es lohnt sich daher, über die gerade genannten drei Grundlagen des Selbstbewusstseins, die Einstufung des eigenen Wertes, nachzudenken.

1. Ich bin geliebt: Zugehörigkeitsgefühl

Das tragende Fundament eines gesunden Selbstbildes ist das Gefühl, geborgen zu sein. Dieses Gefühl empfindet ein Mensch dann, wenn er vorbehaltlos angenommen wird. Solche Liebe kann nur einer geben – Gott selbst:

> *Aber Gottes Barmherzigkeit ist groß. Wegen unserer Sünden waren wir in Gottes Augen tot. Doch er hat uns so sehr geliebt, dass er uns mit Christus neues Leben schenkte. Haben wir das verdient? Niemals! Das verdanken wir allein der Gnade Gottes. (Epheser 2,4-5 Hoffnung für alle)*

Vers vier beginnt mit einem mächtigen Kontrast: »Aber Gott«. Der vorangehende Abschnitt schildert den hilflosen Zustand des gefallenen Menschen. Es ist kein hübsches Bild, das da gezeichnet wird: »als wir eigensüchtig unser Leben selbst bestimmen wollten«.[17] Aber dann griff Gott ein: er machte unseren abgestürzten Zustand rückgängig durch den Kreuzestod von Jesus Christus.

[17] Siehe Epheser 2,3 Hoffnung für alle.

Durch den Glauben an Christus sind wir dem Tod entrissen und haben einen Platz in Gottes Reich. So will Gott in seiner Liebe zu uns, die in Jesus Christus sichtbar wurde, für alle Zeiten die Größe seiner Gnade zeigen. (Epheser 2,6-7 Hoffnung für alle)

Der Gegensatz zwischen dem, was wir von Natur aus sind, und dem, was Gott aus uns gemacht hat, ist überwältigend. Wir waren tot in Gottes Augen, standen unter seinem Gerichtsurteil und hatten keine Chance, unseren geistlichen Zustand aus eigener Kraft zu verändern.[18] Durch Christus jedoch werden wir mit Gott versöhnt und bekommen ein neues Leben geschenkt.

Seinem Wesen nach personifiziert Gott Liebe. Im Umgang mit den Menschen drückt sich diese Liebe durch seine Barmherzigkeit aus.[19] Gottes unverdiente Barmherzigkeit hat uns befreit von Schuld. Dieselbe Barmherzigkeit wird uns auch von der Angst vor Ablehnung befreien. Wer sich bei Gott angenommen weiß, der kann damit leben, dass er nicht jedem Menschen gefallen muss, und braucht sich nicht zu zwingen, jedermann zufrieden zu stellen, was ja sowieso ein Ding der Unmöglichkeit ist. Leute, die in Christus geborgen sind, brauchen sich auch nicht bei jeder Kritik oder Zurückweisung gleich am Boden zerstört zu fühlen.

Selbstachtung ist eine Einstufung des eigenen Wertes, die von der Tatsache ausgeht: Gott hat mich vorbehaltlos angenommen, so sehr, dass er sein Leben für mich hingab.

Der Herr ist mein Licht, er rettet mich. Vor wem sollte ich mich noch fürchten? Bei ihm bin ich geborgen wie in einer Burg. Vor wem sollte ich noch zittern und zagen? (Psalm 27,1 Hoffnung für alle)

Licht ist ein natürliches Beispiel für fast alles, was positiv ist.[20] Hier dient Licht als Antwort auf Angst, auch Angst vor Ableh-

18 Vgl. Epheser 2,1-3 und 4,18-19.
19 Natürlich ist Liebe nur *eine* Charaktereigenschaft Gottes. Er ist auch heilig und gerecht. Vgl. Johannes 17,11; 1. Petrus 1,15-16; Psalm 11,7; 19,9; Apostelgeschichte 17,31.
20 Siehe Psalm 43,3; 36,10; 97,11 (Elberfelder); Jesaja 5,20.

nung. Die meisten von uns ziehen das Licht der Finsternis vor. Licht macht das Dunkel hell. Wo Licht ist, sehen wir deutlicher, werden die Konturen schärfer. David schreibt: »Der Herr ist mein Licht«, das heißt, durch die Beziehung zu ihm verändert sich meine Sicht und mein Durchblick. In seinem Licht kann ich meinen Selbstwert erst richtig erkennen. »Bei ihm bin ich geborgen wie in einer Burg« – kannst du das, wie David, von dir selbst auch sagen? Wenn nicht, dann bist du anfällig für die Angst vor Ablehnung.
Stevie Wonder hat den Song »You are the sunshine of my life« gesungen. Es kann tatsächlich eine entzückende Erfahrung sein, wenn man sich von einem anderen Menschen angenommen weiß:

> Eine 80-jährige Frau bei uns im Ort war für ihren Humor bekannt. Da sie in derselben Straße wie ihr Sohn und seine Familie wohnte, gab es mit der Post öfter Verwechslungen. Einmal erhielt einer ihrer Enkel, der während der Semesterferien zu Hause war, einen Brief von seiner Freundin. Zu seinem Verdruss war der Umschlag geöffnet und dann wieder verschlossen worden. Quer über die Adresse hatte seine unverbesserliche Großmutter gekritzelt: »Irrtümlich zugestellt. Versehentlich geöffnet. Gänzlich entzückt!« (Verfasser unbekannt)

Jeder von uns braucht Licht und eine massive Dosis Liebe, damit er gesund bleibt. Das Problem ist nur: Wenn wir uns an einen *Menschen* klammern, der uns mit Licht und Kraft versorgen soll, dann kommen wir zu kurz. Kein einziger Mensch ist auf die Dauer in der Lage, alle unsere Liebesbedürfnisse zu erfüllen. Kein einziger Mensch kann dich so vollständig lieben, wie du es brauchst. Kein sterblicher Mensch kann das Licht deines Lebens sein. Gott allein ist dein Licht und deine Rettung. Er verläßt dich nie. Egal, ob andere Menschen dich ablehnen, bei ihm bist du immer sicher.
Der erste Schritt zur Überwindung der Angst vor Ablehnung besteht folglich darin, dir jeden Tag neu in Erinnerung zu rufen, dass dein Gott dich liebt, auch dann, wenn du nicht so fühlst. Er steht zu dir auch dann, wenn andere es nicht tun.

Denn Gott hat uns versprochen: »Niemals werde ich euch verlassen. Ich werde für euch sorgen, dass es euch an nichts fehlt!« Deshalb können wir voller Vertrauen bekennen: »Der Herr hilft mir, und ich brauche mich vor nichts und niemandem zu fürchten. Was kann mir ein Mensch schon antun?« (Hebräer 13,5b-6 Hoffnung für alle)

Zu den Grundlagen eines gesunden Selbstbewusstseins gehört neben der Geborgenheit in Gott auch das Bewusstsein, geschätzt zu werden.

2. Ich bin geachtet: Wertschätzung

Fast jeder von uns ist in einer Familie aufgewachsen. Durch die Eltern wurde die Entwicklung der eigenen Persönlichkeit geprägt. Während der ersten Lebensjahre waren unsere Eltern die primären Bezugspersonen. Je nachdem, wie die familiäre Atmosphäre gestaltet war, nahm die persönliche Entwicklung des Einzelnen einen gesunden oder weniger gesunden Verlauf.
Familien werden heute von Seelsorgern und Psychologen als »Systeme« gesehen, das heißt, jedes Familienmitglied spielt eine bestimmte Rolle innerhalb des Ganzen. Diese Dynamik wird nicht bewusst wahrgenommen, aber sie ist trotzdem Realität. Es gibt ganz verschiedene Rollen, die einer in seiner Familie spielt; am häufigsten sind die Rollen des Herrschers, des Opfers und des Retters. Die Herrscher sind die Egoisten, die Opfer sind die Masochisten und die Retter pendeln irgendwo dazwischen.[21] *Die Herrscher* missbrauchen ihre Angehörigen durch ihre dominante Art. Sie wollen Kontrolle ausüben und tun das nicht nur mit verbalen Mitteln. *Die Opfer* sind die passiven, frustrierten und oft eingeschüchterten Familienmitglieder, die nicht fähig oder nicht willig sind, sich zu wehren. *Die Retter* haben ein starkes Helferbedürfnis. Sie sind immer bereit, den Opfern beizustehen und den Kampf gegen die

21 Das Wort »Masochist« wird hier im nichtsexuellen, seelischen Sinne gebraucht. Masochismus bezeichnet üblicherweise den Gewinn sexueller Befriedigung aus dem Erlebnis eigener körperlicher Misshandlung.

Herrscher aufzunehmen, selbst wenn dadurch die Passivität der Opfer noch gefördert wird.[22]
Scheue Menschen verhalten sich häufig wie Opfer. Ihre Unterwürfigkeit ist ihnen meist nicht bewusst, doch sie sind derart auf Verzicht von Durchsetzungskraft programmiert, dass sie sich selbst Demütigungen zufügen. Eine gehemmte Person verhält sich also in einem gewissen Sinne masochistisch. Das heißt, solche Leute sind durch ihre frühkindliche Prägung geneigt, Kränkungen geradezu herauszufordern und nichts dagegen zu unternehmen. Ihre Opfermentalität ist eine Art Selbstschutz, ein Fehlverhalten, das sie dann an den Tag legen, wenn sie sich nicht überwinden können, nein zu sagen. Als schüchterner Mensch mit masochistischer Neigung manövriere ich mich immer wieder in Situationen hinein, wo ich mich selbst abwerte und von andern ausgenützt oder gar missbraucht werde, weil es ja viel einfacher ist, Opfer zu sein, als sich zu wehren.
Überlege an dieser Stelle: Welche Rolle hast du in deinem Familiensystem gespielt? Welche Rolle lebst du vielleicht heute noch aus? Lass dich nicht entmutigen, wenn du dich als Opfer einstufen musst. Eine Standortbestimmung schafft mindestens Klarheit. Tatsache ist, dass jeder Mensch sich ändern kann! Paul Meier schreibt treffend:

> Wir sind nicht dazu verdammt, ein ganzes Leben lang eine bestimmte Rolle zu spielen und uns von Verhaltensstörungen und immer denselben Abwehrmechanismen lähmen zu lassen. Jeder kann neue Wege einschlagen, wenn er es nur wirklich will.[23]

Keiner von uns ist bloß das Produkt seiner Biographie. Wohl hat die frühkindliche Erziehung einen wesentlichen Einfluss auf unsere Persönlichkeit, aber wir haben die Chance zur Veränderung und zur Reifung.

22 Für eine ausführlichere Beschreibung der Familie als System, siehe: Paul Meier, *Ab heute wehre ich mich,* Francke, Marburg an der Lahn, 1995, S. 141 f. Das Buch ist in jeder Hinsicht zu empfehlen.

23 Meier, Paul. *Ab heute wehre ich mich.* Francke, Marburg an der Lahn, 1995, S. 146.

Die Bibel geht davon aus, dass der Mensch auf mysteriöse Weise ein »Ebenbild Gottes« ist:

> *Und Gott sprach: Lasst uns Menschen machen in unserm Bild, uns ähnlich! (1. Mose 1,26 a Elberfelder)*

So zentral ist diese Wahrheit über den Menschen, dass Mose sie gleich dreimal hintereinander wiederholt:

> *Und Gott schuf den Menschen nach seinem Bild, nach dem Bild Gottes schuf er ihn; als Mann und Frau schuf er sie. (1. Mose 1,27 Elberfelder)*

Diese Feststellung hat weitreichende Konsequenzen, wenn wir über unseren Selbstwert nachdenken. Was heisst das eigentlich, nach dem »Bild Gottes« geschaffen zu sein? Das Statement folgt dem Schöpfungsbericht über die Pflanzen- und Tierwelt. Doch anders als bei den Tieren wird beim Menschen eine ganz differenzierte Wortwahl verwendet. Bei keinem der vorangegangenen Lebewesen wird die Formel »nach dem Bild Gottes« gebraucht. Einzig vom Menschen wird das gesagt. Das ist ein deutlicher Hinweis, dass der Mensch viel mehr darstellt als nur ein komplexes, hoch entwickeltes Tier. Etwas in uns ist qualitativ völlig anders als in irgendeinem tierischen Wesen.[24] Das Bild Gottes wurde durch das Drama des Sündenfalls wohl deformiert, aber nicht ruiniert. Der Fall des Menschen hat sich auf die Psyche des Menschen ausgewirkt. Urängste, Scham, Schuldgefühle, Hemmung, Verkrampfung, Schüchternheit, all das sind indirekte Folgen der Gottesentfremdung. Doch das Bild Gottes ist in getarnter Form immer noch vorhanden.[25]

> Wie ein Bild in zwei Dimensionen etwas Dreidimensionales darstellt, bedeutet Ebenbildlichkeit, dass Eigenschaften Got-

24 Das »Bild Gottes« im Menschen spricht gegen eine makroevolutionäre Entwicklungsgeschichte von Jahrmillionen. Für eine sachliche Begründung siehe Gitt, Werner, *In sechs Tagen vom Chaos zum Menschen,* Hänssler, Neuhausen, 1993.

25 Vgl. 1. Mose 9,6; Kolosser 3,10; Jakobus 3,9.

tes in einer verringerten Dimension im Menschen angelegt sind.[26]

Im Bilde Gottes geschaffen zu sein bedeutet einerseits, dass Gott dem Menschen nie völlig fremd sein kann. Anderseits, und das ist für uns hier wichtig, verlangt das Bild Gottes in uns, dass wir die Würde jedes Menschen unendlich ernst nehmen – auch die eigene. Egal, ob eine Person Christ ist oder nicht, das Ebenbild Gottes ist präsent. Dein Wert und deine Würde liegen begründet in dieser Ebenbildlichkeit. David fasst es so zusammen:

> *Ich blicke zum Himmel und sehe, was deine Hände geschaffen haben; den Mond und die Sterne – allen hast du ihre Bahnen vorgezeichnet. Wie klein ist da der Mensch! Und doch beachtest du ihn! Winzig ist er, und doch kümmerst du dich um ihn! Du hast ihn zur Krone der Schöpfung erhoben und ihn mit hoher Würde bekleidet. Nur du stehst über ihm! (Psalm 8,4-6 Hoffnung für alle)*

Im Vergleich mit der unfassbaren Größe des planetaren Raumes, was ist da schon der Mensch? Warum hat sich Gott auf so besondere Weise um ihn gekümmert? Die Fragen des Psalmisten sind ein poetisches Mittel, um in uns Ehrfurcht zu erzeugen und um unseren Selbstwert in die richtige Perspektive zu rücken.

Der Mensch als »Krone der Schöpfung« trägt als einziges Geschöpf das Bild Gottes in sich. Das nächste Mal, wenn du dir abgewiesen und wertlos vorkommst, erinnere dich daran, dass du in Gottes Augen die Krone seiner Schöpfung bist. Dein Wert als Person wird nicht bestimmt durch deinen Besitz, dein Aussehen, deine Ausbildung oder deine Leistung, sondern durch das Bild Gottes in dir. Weil du Gott »ähnlich« bist, sind positive Gedanken über dich selbst richtig und wichtig.

[26] Giesekus, Ulrich. *Familienleben,* R. Brockhaus, Wuppertal, 1994, S. 40.

3. Ich werde gebraucht: Kompetenz

Der dritte Grundstein eines gesunden Selbstbildes ist das Kompetenzbewusstsein. Jeder von uns braucht dieses innere Selbstvertrauen, das uns sagt: »Ich schaffe das!« Natürlich hat die Realität des Alltags uns manchen Dämpfer aufgesetzt. Die meisten von uns erleben Zeiten und Umstände, wo man sich nutzlos und überflüssig vorkommt: als Jugendlicher missverstanden, als Ehefrau missachtet, als Angestellter missbilligt. Vielleicht hast du den Eindruck: Ich werde nicht ge-braucht, sondern miss-braucht. Schau dir nur den Arbeitsmarkt an: Wie fühlt sich jemand, der 40 Jahre lang in einer Firma gearbeitet hat und dann kurz vor der Pension auf die Straße gesetzt wird? Die Angst um den Job geht um. Ein Schweizer Wirtschaftsmagazin berichtet:

> Die Arbeitnehmer von heute sind nicht mehr bloße Rädchen in patriarchalischen Systemen, sondern mündige Mitunternehmer. Das ist schön, aber auch anstrengend und beunruhigend. Der scharfe globale Wettbewerb, Umstrukturierungen, schlankere Organisationen, flachere Hierarchien, bereichsübergreifende Aufgabenfelder, technologischer Wandel, anspruchsvollere Aktionäre und Fusionstendenzen machen die Arbeitswelt unsicher. Da stellt sich die Frage: Halten Sie mit? Wichtigste Voraussetzung dazu: Übernehmen Sie die Initiative, hören Sie nie auf, dazuzulernen, behalten Sie die Nase im Wind und schaffen Sie sich ein starkes Beziehungsnetz! Wer sich verunsichert in seiner Arbeit vergräbt, läuft Gefahr, allfällige Warnsignale zu überhören ... Wichtige Orientierungshilfe, ob Sie den steigenden Ansprüchen genügen und sich auf dem richtigen Weg befinden, bietet das Feedback von Vorgesetzten, Kollegen, Untergebenen. Qualifikationsgespräche, die wirklich in die Tiefe gehen und bei denen auch Negatives zur Sprache kommt, sind nicht die Regel. Sie sollten deshalb regelmäßig eine Beurteilung verlangen.[27]

27 Bilanz 6/1996, S. 79, »Wie sicher ist Ihr Job?«

Das sind sicher brauchbare Ratschläge; wer rechtzeitig wissen will, ob er sich auf dem Abstellgleis befindet oder entbehrlich wird, muss sich regelmäßig und selbstkritisch den Spiegel vorhalten und geeignete Maßnahmen ergreifen. Doch bei der Diskussion über die dritte Säule einer stabilen Selbstsicht geht es um viel mehr als nur die berufliche Ausrichtung. Wenn ich tief in meinem Innern das Gefühl nicht loswerde, eine große Null zu sein, dann wird auch die Anerkennung am Arbeitsplatz wenig ändern am Empfinden der Minderwertigkeit.
Tatsache ist: Du bist keine Null. Und selbst wenn du dich so fühlst, bedenke: Auch Nullen sind wertvoll, wenn sie an der richtigen Stelle stehen! Du wirst geliebt, geachtet und gebraucht von deinem Gott! Gebraucht auch dann, wenn dir beruflicher oder persönlicher Erfolg versagt bleibt. Gott hat jedes seiner Kinder mit Gaben ausgerüstet.[28] Das heißt: Du bist in einem bestimmten Lebensbereich von Ihm speziell beschenkt worden, Er hat dich begabt und befähigt und kompetent gemacht. Der Apostel Paulus konnte ohne Überheblichkeit von sich sagen:

> *Ich traue mir so viel zu, weil Gott mich durch Christus dazu fähig macht. Aus eigener Kraft bin ich einem solchen Auftrag nicht gewachsen. Alles, was ich kann, kommt von Gott. (2. Korinther 3,4-5)*

Paulus hatte durch die Korinther verschiedentlich schmerzliche Ablehnung erfahren. Seine Person und seine Predigt wurden massiv angegriffen.[29] Der 2. Korintherbrief dokumentiert die Verteidigung des Apostel gegenüber seinen Gegnern. Trotz der Zurückweisung durch die Korinther wusste sich Paulus von Gott gebraucht. Die Kraft, sich ungeachtet der Ablehnung aus den eigenen Reihen nicht entmutigen zu lassen, kam nicht von ihm selbst: *»Aus eigener Kraft bin ich einem solchen Auftrag nicht gewachsen.«* Da ist keine Überheblichkeit und keine Arroganz. Die Zuversicht des Apostels beruht auf

28 Vgl. Epheser 4,7 und 1. Petrus 4,10.
29 Siehe 2. Korinther 10-12.

seiner Berufung und Gottes unverdienter Gnade[30]: *»Alles, was ich kann, kommt von Gott.«*
Diese Erkenntnis stärkt meinen Selbstwert. Jede Gabe, die Gott gibt, ist eine Aufgabe, und jede Aufgabe ist wichtig; daher die Überzeugung, dass jeder, der sich von Gott gebrauchen lassen will, auch gebraucht wird. Das Neue Testament bezeichnet die Gemeinde als »Leib«, als Megaorganismus, in dem jeder Körperteil eine spezifische Funktion ausübt. Das Bild ist absolut passend. Es gibt in deinem Körper kein einziges nutzloses Organ, jedes wird benötigt. Francis Schaeffer hat den Gedanken prägnant formuliert:

> Wir müssen uns unser ganzes Leben lang stets bewusst bleiben, dass es in Gottes Augen keine unbedeutenden Menschen und keine unbedeutenden Situationen gibt. Nur eines ist von größter Bedeutung: dass wir in jedem Augenblick an dem Platz, an den Gott uns gestellt hat, ihm ganz geweiht sind.[31]

Es gibt so viele Möglichkeiten, sich selbst zum Hindernis zu werden und die Entfaltung der eigenen Gaben zu behindern. Angst vor Ablehnung, Selbstzweifel und negative Denkmuster können die heilsame Wahrheit vernebeln, dass wir von Gott geliebt, geachtet und gebraucht werden. Im Klartext heißt das: Höre auf, *dich selber* abzulehnen! Negative Selbstgespräche beleidigen deine Würde und behindern Gottes Wirken.[32]

Fassen wir zusammen: Schüchterne Leute haben die schlechte Angewohnheit, sich für jede Schwäche innerlich zu ohrfeigen. Gehemmte Menschen besitzen zudem ein ausgezeichnetes Gedächtnis für alle Fehler, die sie begangen haben. Ein gesundes Selbstbild zu besitzen bedeutet nicht, dass man seine eige-

30 Durch den gesamten 2. Korintherbrief hindurch wird diese Wahrheit immer neu bestätigt: 4,7-10; 5,18-20; 6,4-10; 7,5-6; 11,23-33; 12,9-10 und 13,3-4. Vgl. auch 1. Korinther 15,10.

31 Schaeffer, Francis. *Jeder ist von Bedeutung.* Hänssler, Neuhausen, 1982, S. 21.

32 Zur Ergänzung siehe Müller, Harry. *Lust auf Familie.* Hänssler, Neuhausen, 1996, S. 54-59.

nen Fehler nicht eingesteht, doch wir brauchen uns von unseren Unzulänglichkeiten nicht einschüchtern zu lassen. Die Art und Weise, wie wir über uns selbst denken, hat weit reichende Auswirkungen. Leute mit einem positiven Selbstwertgefühl wirken ausgeglichen und strahlen eine bestimmte Zuversicht aus, weil sie gelernt haben, sich in Christus geborgen zu fühlen und ihr eigener bester Freund zu sein.

Was sollen wir noch weiter sagen?
Gott ist auf unserer Seite,
wer kann uns dann noch etwas anhaben?
(Römer 8,31)

Augen auf und durch

Sucher:

Das Leben ist armselig, wenn es keinen höheren Sinn hat als sich selbst. Wertschätzung, die auf bloßer Eigenleistung beruht und Gott ausklammert, ist eine problematische Größe. Irgendwann kannst du nicht mehr Schritt halten, bringst nicht mehr das, was andere liefern; spätestens dann stürzt dein Selbstvertrauen in den Keller. Vorschlag: Überdenke diese Woche Epheser 2,1-9 und richte dein spezielles Augenmerk auf den Kontrast zwischen dem, was war, und dem, was durch Christus neu wird.

Insider:

Schwaches Selbstwertgefühl und Befangenheit können Teile unserer Persönlichkeit sein, ohne dass wir uns dessen bewusst sind. Bitte denke über die folgenden beiden Listen nach und kreuze die Eigenschaftswörter an, mit denen du dich beschreiben würdest (Test nach Jonathan Cheek, *Warum so schüchtern?* Kösel, München, 1993, S. 67-68):

Gefühle von Minderwertigkeit:

Ich empfinde mich als:
___ ungeschickt
___ nicht liebenswert
___ unbedeutend
___ nicht erwünscht
___ ablehnend mir selbst gegenüber
___ unzufrieden
___ unfähig, mich durchzusetzen
___ schwach
___ nutzlos
___ unsicher
___ minderwertig
___ ungeliebt
___ mich selbst verachtend
___ unzulänglich
___ zurückgezogen
___ frustriert

Gefühle, die von gesunder Selbstachtung zeugen:

___ selbstsicher
___ voll Vertrauen
___ schätzenswert
___ entspannt
___ zulänglich
___ sympathisch
___ bedeutend
___ sicher
___ von hohem Wert
___ anständig
___ zufrieden
___ tüchtig
___ liebenswert
___ erfolgreich
___ geliebt
___ mit mir selber einverstanden

Wie viele Worte hast du angekreuzt? Vergleiche die Zahl der beiden Listen. Hast du mehr Gefühle, die von hoher oder von geringer Selbstachtung zeugen?
Lass dich nicht entmutigen. Du magst angeschlagen sein, aber du bist nicht ausgezählt. Dein Ich ist widerstandsfähiger, als du glaubst. Achte diese Woche darauf, was bei dir negative Selbstäußerungen auslöst, und stoppe dich jedes Mal, wenn du versucht bist, dich selber herabzusetzen.

Für die Kleingruppe:

Gemeinsame Diskussion: Wie bewältigst du deine Schüchternheit, die Angst, abgelehnt zu werden? Welche Maßnahmen helfen dir, dein Selbstvertrauen zu heben?

Lies Richter 11,1-40 und überdenke einige Fragen:
- Beachte Jeftahs Familienhintergrund, 11,1-3. Was ist bekannt über diesen Mann? Mindestens sieben Fakten lassen sich aus den ersten drei Versen ableiten.
- Welchen Zusammenhang hat die Story mit unserem Thema?
- Jeftah wurde ohne eigenes Verschulden abgelehnt, und trotzdem hat ihn Gott gebraucht. Wie nämlich?
- Vorurteile können manche Leute mit großem Potential in ihrer Entfaltung behindern. Gibt es Leute in deinem Leben, die du zurückweist und die sich als Jeftah entpuppen könnten? Was lässt sich tun, um solche Menschen zu integrieren?
- Trotz ungerechter Behandlung durch seine eigene Familie wurde der Gileaditer eine starke Persönlichkeit, vgl. 11,7. Wie erklärst du dir die Tatsache, dass er sich selbst nicht bemitleidet hat? Lies zwischen den Zeilen.
- Richter 11,27 zeigt, dass Jeftah Rückgrat besaß. Er war mit der jüdischen Geschichte vertraut und scheute sich nicht, Stellung zu beziehen. Welche Faktoren hindern uns heute, solch mutige Konfrontationen durchzustehen? Was lässt sich vorkehren?
- Wie verstehst du die Aussage in Richter 11,29? Vergleiche mit Epheser 1,13. Wo liegt der Unterschied?

- Das Gelübde des Jeftah war wohlgemeint, aber töricht, Richter 11,30-40. Er zahlte einen hohen Preis dafür. Manche Versprechen mögen sehr geistlich klingen, aber das heißt noch lange nicht, dass sie auch weise sind. Gott will keine Versprechungen für die Zukunft, er will Gehorsam in der Gegenwart. Wie, denkst du, hat sich wohl Jeftahs Tochter in alledem gefühlt?
- Welche Anwendung im Umgang mit Ablehnung lässt sich aus der Biografie von Jeftah auf uns übertragen?

4. Angst vor Versagen

Psalm 51,8-12

Die Aargauer Landgemeinde Oberrohrdorf erfüllt für viele Bürger ideale Wohnverhältnisse. An die stillen Quartierstraßen reihen sich Einfamilienhäuser mit Doppelgaragen und privater Zufahrt. Hinter Hecken und Mauern gedeihen Gärten, von denen der Blick weit über das Reusstal bis ins Freiamt reicht. Im Zentrum des Dorfes mit seinen 3 400 Einwohnern stehen die Hypothekarbank Lenzburg und die katholische Kirche. In dieser ruhigen, gutbürgerlichen Umgebung spielte sich im Juni 1996 ein blutiges Familiendrama ab. Ein Mann erschoss seine Ehefrau und seinen jüngsten Sohn.

> Die Gemeinde steht unter Schock, denn der Täter ist prominent: Gerhard Heimgartner, 60-jährig, ehemaliger Schulpflegepräsident, Mitglied der örtlichen CVP, praktizierender Katholik, Chorsänger und Lektor. Freitag, 14. Juni. Um sieben Uhr morgens entsichert der ausgemusterte Heerespolizist Gerhard Heimgartner seine alte Dienstpistole. Seine 59-jährige Ehefrau schläft noch. Er tötet sie mit zwei Kopfschüssen. Danach erschießt er im Keller seinen 19-jährigen Sohn Pascal, den er unter einem Vorwand dorthin gelockt hat. Heimgartner schleift die Leichen in die Sauna des Einfamilienhauses. Den älteren Sohn, der nicht zu Hause ist, will er später töten. Der Polizei gibt Heimgartner später ein Motiv an, das Entsetzen und Ratlosigkeit hinterlässt: Er habe seine Frau und den Sohn aus Verzweiflung über seine finanziellen Probleme getötet. Selber habe er sich den Gläubigern stellen, doch seiner Familie die Schmach des Ruins ersparen wollen. Gemeindeammann Toni Merki ringt um Worte. »Für mich«, sagt er, »ist eine Welt zusammengebrochen.« Bei Nachrichten über blutige Familiendramen habe er immer an Menschen ohne Halt und Religion gedacht. »Geri aber hatte beides«, sagt Merki: eine intakte Familie und einen festen Glauben.
>
> Das Ehepaar war vor zwanzig Jahren nach Oberrohrdorf gezogen. Heimgartner war damals 40 Jahre alt und arbeitete als Informatiker in einer Großbank. Seine Kenntnisse kamen dem

Dorf sehr gelegen, denn die Verwaltung musste auf EDV umgerüstet werden. Heimgartner engagierte sich tatkräftig und verschaffte sich am neuen Wohnort rasch Ansehen. Die Informatikbranche boomte, und Gerhard Heimgartner macht sich selbständig. Er nahm Beratungsmandate von Firmen an und dozierte an Berufs- und Fachschulen. Auch seine Frau Sibylle trug zum Wohlstand der Familie bei. Die Erfolgskurve der Heimgartners zeigte steil aufwärts, und das war dem ehrgeizigen Familienvater wichtig. »Geri legte viel Wert auf Erfolg und Ansehen«, sagen ehemalige Amtskollegen aus der Schulpflege.
1985 erlitt seine Erfolgskurve plötzlich einen Knick. Heimgartners Partei, die CVP, verlor bei den Gemeinderatswahlen die Mehrheit an die FDP. Die Wahlsieger erhoben Anspruch auf das Schulpflegepräsidium und degradierten Heimgartner kurzerhand zum Vizepräsidenten. »Das hat er nie verwunden«, sagt ein Parteikollege, »er empfand die Abwahl als persönliche Niederlage. Noch zehn Jahre später konnte er sich darüber ereifern.«
Anfang 1996 gerieten Heimgartners Geschäfte plötzlich ins Stocken. Zusammen mit einer deutschen Firma hatte der inzwischen 60-jährige Informatiker eigene Softwareprogramme entwickelt, die aber niemand kaufen wollte. Heimgartner sprach nie über die Projekte. »In geschäftlichen Dingen war er immer sehr verschlossen«, bestätigt ein Kollege aus dem Kirchenchor. Selbst mit seiner Familie sprach er nie über geschäftliche Dinge, und so wussten seine Ehefrau und die Söhne nicht, dass der Vater das ganze Vermögen in die Projekte investiert hatte. Er versteckte die Beitreibungen und die Briefe der Bank, die ihm den Kredit sperrten. »Wir wussten überhaupt nichts«, sagt eine nahe Verwandte. Bis zum bitteren Ende wahrte Heimgartner den Schein. Noch zwei Wochen vor der Bluttat beantwortete er Fragen nach dem Geschäftsgang in alter Gewohnheit mit einem knappen »ausgezeichnet«. Die Vorstellung, in der Öffentlichkeit und vor Frau und Söhnen als wirtschaftlicher Versager dazustehen, war ihm unerträglich. Eher sollten sie alle sterben, als den sozialen Abstieg erdulden zu müssen.[1]

Ein achtbarer Bürger steht vor dem Konkurs. Aus Scham über sein finanzielles Versagen führt er ein Doppelleben und löscht zuletzt seine Familie aus. Das ist ein extremer Fall, der weit-

1 Facts 26/1996, S. 36-37, »Die tödliche Angst, ein Versager zu sein.« Leicht gekürzt.

herum Aufmerksamkeit erregt hat. Und doch nagt in uns irgendwo die Frage: Wie hätten *wir* wohl unter ähnlichen Umständen reagiert?
Wir beschwichtigen die latenten Bedenken, selber zu einer solchen Kurzschlussreaktion fähig zu sein, indem wir sie so schnell verdrängen, wie sie auftauchen. Fall erledigt! Doch in jenen seltenen Momenten, wo wir nicht zu träge zum Denken und ehrlich genug sind, um die eigenen Schutzmechanismen zu überlisten, gestehen wir uns vielleicht ein, dass die Furcht, als Versager dazustehen, auch in uns größer ist, als wir bereit sind zuzugeben.

Dünnes Rückgrat

Ein Mensch handelt klug, wenn er ehrlich ist und dazu steht, dass er eine weiche Unterseite besitzt, dass er hinter der coolen Fassade eben doch verletzlich ist und dass er nicht alles im Griff hat. Jeder von uns verfügt über einen Bruchpunkt, auch wenn es uns schwerfällt, das zu bekennen.
Die Bibel ist ein ehrliches Buch, sie retuschiert das Bild des Menschen nicht. Selbst bei großen Frauen und Männern werden die peinlichen Schwächen nicht verschwiegen. Nehmen wir den Apostel Petrus: er war eine interessante Persönlichkeit, temperamentvoll, begeisterungsfähig, aber oft vorschnell in seinem Reden.[2] Bei einer bestimmten Gelegenheit sagte er voller Selbstüberzeugung zu Christus:

> *Ich bin jederzeit bereit, mit dir ins Gefängnis zu gehen und sogar für dich zu sterben. (Lukas 22,33 b Hoffnung für alle)*

Große Worte, von denen zwölf Stunden später nur noch wenig übrig blieb. Christus wurde verhaftet, von Judas verraten und von Petrus verleugnet. Als Petrus im Hof des hohenpriester-

2 Siehe Matthäus 18,21; Markus 8,32-33; Johannes 13,6.8.9; Johannes 21,21-22.

lichen Palastes von einem Soldaten als Anhänger Jesu identifiziert wurde, bestritt er das mit erstaunlicher Vehemenz:

> *»Wovon redet du? Was meinst du eigentlich?« Da krähte ein Hahn. In diesem Augenblick wandte sich Jesus um und sah seinen Jünger an. Da erinnerte sich Petrus daran, dass Jesus zu ihm gesagt hatte: »Noch ehe morgen früh der Hahn kräht, wirst du dreimal geleugnet haben, dass du mich jemals gesehen hast.« Da ging Petrus hinaus und weinte sehr. (Lukas 22,60 b-62 Hoffnung für alle)*

Petrus weinte bitterlich – nicht nur weil er Christus verleugnet hatte, sondern auch weil ihm bewusst wurde, dass er einen lieben Freund im Stich gelassen hatte. Der Apostel behauptete im Brustton der Überzeugung, er würde Christus niemals den Rücken kehren. Als er aber Angst bekam, warf er sein stolzes Versprechen über den Haufen und versagte jämmerlich als Nachfolger und Freund.

Petrus hat aus dieser demütigenden Erfahrung für sein späteres Leben viel gelernt. Für uns lässt sich vorab so viel ableiten: Egal, auf welche Art wir versagt haben, wir dürfen uns daran erinnern, dass Gott denen hilft, die zu ihren Lücken stehen.[3]

Der Wettlauf mit sich selbst

Versagensängste kennt jeder; auch intelligente und erfolgreiche Leute fürchten sich davor, nicht genügen zu können. In der modernen Leistungsgesellschaft sind Zwänge, Stress und Rivalität an der Tagesordnung. Der Kampf um die Selbstbehauptung, die ständige Gefahr, beruflich abgehängt zu werden und zu scheitern, kann krank machen.

Die Abhängigkeit von äußerer Anerkennung und der Druck, vorne sein zu müssen, beginnt schon früh im Leben und wird

3 Petrus wurde von Christus wenig später zu kompromissloser Nachfolge herausgefordert, siehe Johannes 21,15-19. An Pfingsten war er es, den Gott auf eindrückliche Weise bei der Gründung seiner Gemeinde gebrauchte, vgl. Apostelgeschichte 2,14-41.

durch den Einfluss der Eltern wesentlich gesteuert. Mütter, die ihre Kinder mit einem Übermaß an Aufmerksamkeit erdrücken, bewirken durch ihre Bevormundung spätere Schwierigkeiten. Horst-Eberhard Richter schildert Versagensängste von Kindern, die durch den Ehrgeiz der Eltern ausgelöst werden. Der erfahrene Arzt schreibt über solche Kinder:

> Bald nimmt seine Sorge überhand: Was muss ich machen, und wie muss ich es machen, dass man mich anerkennt und nicht missbilligt? In seiner Abhängigkeit erfährt es nämlich sachliche Kritik sehr leicht als persönliche Entwertung. Die Angst, die Eltern zu enttäuschen, wächst mit deren eingreifender Anteilnahme. Zumal Mütter mit starken symbiotischen Gefühlen können sich oft schwer zurückhalten, ein Kind ständig mit eigenen Wünschen und Bewertungen zu steuern.
> Die Bedeutung dieser frühen Erfahrungen wird deutlich, wenn man im Schul- und später im Erwachsenenalter feststellt, dass die einen sich ihre Leistungen sehr leicht, andere nur schwer »enteignen« lassen. Bei gleichem Schulstress empfinden sich einige Kinder immer nur von äußeren Erwartungen gesteuert, gedrängt oder bedroht, während andere es viel eher fertig bringen, ihnen vorgesetzte Aufgaben sich zu eigen zu machen, sie als Herausforderung zu bejahen, an der sie ihre Fähigkeiten erproben können.[4]

In der Sportwelt gibt es viele Beispiele von ehrgeizigen Eltern, die mit hoch gesteckten Erwartungen ihre Kinder zu Starkarrieren angetrieben haben. Ein klassischer Fall sind die Eltern von Steffi Graf.

> Steffi war drei Jahre und acht Monate alt, als Peter Graf sie mit einem abgesägten Tennisschläger ausrüstete. Im heimischen Wohnzimmer rückt ihr »Papa« die Couch von der Wand. Wenn die Kleine den Ball häufig genug über das abgewetzte Möbelstück zurückspielt, erhält sie eine Belohnung: für 20 Schläge ohne Unterbrechung eine Salzstange, für 50 ein Vanilleeis mit heißen Himbeeren ...

4 Richter, Horst-Eberhard. *Umgang mit Angst.* Hoffmann und Campe, Hamburg, 1993, S. 142.

Peter Graf engagiert einen Trainer und übt zusätzlich mit seiner Tochter tagtäglich in Leimen, wo er sie morgens um sieben Uhr auf den Platz schickt.

> Doch Vater Graf denkt nicht nur an das Wohl der Tochter, er sieht auch die eigene Karriere-Chance... Bei einem der ersten Zusammentreffen mit Peter Graf wagt der heutige Damen-Bundestrainer Klaus Hofsäss die Prognose, Steffi könne »durchaus einmal unter die ersten drei der Weltrangliste kommen«. Der Vater weiß es besser. »Die Steffi wird die Beste«, schnauzt er zurück.
> Für Steffi entsteht langsam, aber zunehmend echter Leistungsdruck.[5]

Die Karriere der Tochter brachte das große Geld für die Grafs und für Steffi den ständigen Druck siegen zu müssen. Aber man muss nicht überdurchschnittlich begabt sein, um sich in irgendeinem Lebensbereich unter Leistungszwang zu stellen. Der Wettlauf mit sich selbst und die Konkurrenz mit andern erzeugen Stress.[6] Depression, innere Erschöpfung, Demoralisierung, Fluchtphantasien, Ruhelosigkeit, Gefühl der Sinnlosigkeit – das können Symptome einer Selbstüberforderung sein. Höre, was der Psalmist denen von uns sagt, die bei der Verfolgung unrealistischer Ziele Niederlagen einstecken mussten:

> *Herr! Ich denke nicht zu hoch von mir, auf keinen schaue ich herab. Ich frage nicht nach weitgesteckten Zielen, die unerreichbar für mich wären. Nein, still und ruhig ist mein Herz, so wie ein sattes Kind im Arm der Mutter – still wie ein solches Kind bin ich geworden. (Psalm 131,1b-2)*[7]

5 Der Spiegel, 24/1996, S. 103-104, »Besessenheit und Begabung«.

6 Stress macht müde und ruiniert auf Dauer die Gesundheit. Mindestens zwei von drei Erkrankungen sind in den westlichen Industrieländern stressbedingt. Auch wenn viele Menschen unter Erschöpfung, Zeitdruck oder Versagensangst leiden, bewältigt nur eine Minderheit den alltäglichen Dauerstress in Beruf, Familie, Gemeinde und Freizeit. Zum Thema *Stress* siehe: Müller, Harry, *Schwierigkeiten sind Möglichkeiten,* Hänssler, Neuhausen, 1992, S. 9-27.

7 Vgl. auch Psalm 46,11.

David zeichnet das Bild eines satten Babys. Eigentlich ist es das Bild eines entwöhnten Kindes; es wurde abgestillt und verlangt nicht mehr nach konstanter Aufmerksamkeit.[8] Ähnlich geht es dem, der gelernt hat, ruhig zu werden, befreit zu sein vom Wettlauf mit sich selbst. Fragt sich nur, wie man dahin kommt.

Den Heuschreckenkomlpex loswerden

Angenommen, du hast Jesus Christus als deinem persönlichen Erlöser vertraut, du hast die Gewissheit der Vergebung und weißt, dass Gott aus deiner Vergangenheit das Beste machen möchte. Du willst nun lernen, mit Niederlagen gelassener umzugehen. Wie geschieht das? Wie lassen sich Versagensängste bremsen?

Erinnere dich an die Geschichte der Israeliten in Kadesch-Barnea. Mose hatte zwölf Kundschafter nach Kanaan geschickt, um das Land auszuspionieren. Was sie dort vorfanden, entsprach genau dem, was Gott zuvor versprochen hatte. Das Land war ein »Land von Milch und Honig«, das heißt, es war landwirtschaftlich fruchtbar, ein blühender Garten.[9] Doch zehn von den zwölf Kundschaftern kamen mit einer negativen Einstellung von ihrer Exkursion zurück. Angst hatte sie gepackt – die Angst zu versagen. Im gelobten Land befanden sich die Kanaaniter. Das waren nichtsemitische Völkerstämme, die in stark befestigten Städten wohnten.[10] Die Spione ließen sich von ihnen einschüchtern, insbesondere weil sich unter den Kanaanitern die Nachkommen Anaks befanden. Diese Anakiter waren ein Volk von Riesen, großwüchsige Krieger, die den

8 Siehe Bibelübersetzung von Leopold Zunz, Victor Goldschmidt, Basel, 1995.

9 Siehe 2. Mose 3,8.17.

10 In 1. Mose 9,25 wird Kanaan als Stammvater der vorisraelitischen Bewohner Palästinas genannt; siehe auch 1. Mose 10,15-20. Die Kanaaniter bewohnten den Küstenstrich von Gaza bis hinauf nach Sidon. Sie besaßen eisenbeschlagene Streitwagen und waren den Israeliten militärisch überlegen.

Kundschaftern das Fürchten beibrachten.[11] Als die Spione Mose ihren Mehrheitsbericht erstatteten, meldeten sie Folgendes: *»Wir kamen uns ihnen gegenüber wie Heuschrecken vor, und genauso winzig müssen wir ihnen vorgekommen sein.«* (4. Mose 13,33b)
Die Israeliten waren ein kleinwüchsiges Volk, die Kanaaniter erschienen ihnen wie leibhaftige Giganten. Die Israeliten lebten damals als Nomaden in Zelten, die Kanaaniter wohnten hinter sicheren Mauern. Fazit: Die Niederlage ist doch unausweichlich; Heuschrecken gewinnen keine Kriege!
Zehn der zwölf Spione sahen *sich selbst* als mickrige Insekten. Zudem meinten sie, auch die Kanaaniter würden sie als banale Heuschrecken beurteilen. Doch das war ein Irrtum, denn in Wirklichkeit fürchteten die Kanaaniter die Hebräer. Sie hatten die Gerüchte von Gottes Wirken gehört und wussten von seinen großen Machttaten in Ägypten.[12] Aber wer sich selbst als Mister Nobody sieht, der lässt sich von seiner Meinung meist nicht abbringen. Der »Heuschrecken-Komplex« ist eine psychologische Barriere, die unser Wahrnehmungsvermögen verzerrt und unsere Tatkraft einschränkt.
Wieso sind die Israeliten in Kadesch-Barnea dem »Heuschrecken-Komplex« erlegen? Weil sie sich negativen Gedanken hingaben:

> *Als die Israeliten Mose mit Vorwürfen überschütten wollten, beruhigte sie Kaleb und rief: »Wir können das Land sehr wohl erobern! Wir sind stark genug!« Doch die anderen Kundschafter sagten: »Wir können es nicht! Die Leute im Land sind viel stärker als wir!« (4. Mose 13,30-31)*

Josua und Kaleb waren die einzigen Kundschafter mit einer positiven Einstellung. Sie plädierten für eine rasche Erobe-

11 Die Anakiter, auch Enakiter genannt, wohnten auf dem Gebirge im Westjordanland, Josua 11,21. Zu den Anakitern gehörte vermutlich Goliat, der von David getötet wurde, 1. Samuel 17,4. Der Riesenwuchs dieses Volksstammes war genetisch bedingt und lässt sich möglicherweise auf 1. Mose 6,4 zurückführen.
12 Vgl. Josua 2,9-11.

rungskampagne, weil Gott selbst ja die Garantie zum Erfolg bereits gegeben hatte.[13] Doch das Motto der Mehrheit lautete: »Wir können es nicht!« »Wir haben keine Chance!« »Wir werden versagen!« Sie erdachten sich Gründe, die gegen den Auftrag Gottes sprachen, und steckten mit ihrem negativen Denkmuster auch die anderen Israeliten an.

Negaholiker stehen sich selbst und anderen im Wege. Der Hang zu Negativität und Selbstzweifel ist doppelt destruktiv. Das zeigt der Rest der Geschichte. Außer Josua und Kaleb hat kein einziger der Israeliten das gelobte Land mit seinen Füßen betreten. Jene ganze Generation ist ausgestorben, bevor Israel 40 Jahre später das verheißene Gebiet eroberte.[14]

Manchmal stellt Gott uns in Situationen hinein, die *uns* überfordern, damit wir lernen, dass keine Situation *ihn* überfordert. Die Kanaaniter waren vielleicht stärker als die Israeliten, aber das war kein Problem für Gott. Unsere Schwierigkeiten mögen unsere Kräfte weit übersteigen, aber erst in solchen Umständen lernen wir, was Vertrauen konkret heißt!

Natürlich lässt sich die Szene in der Wüste Sinai, die mehr als 3 400 Jahre zurückliegt, nicht so ohne weiteres in unsere Zeit übertragen. Wir haben keine Land- und Siegesgarantien wie Israel damals; trotzdem können wir wie Josua und Kaleb lernen, unsere Versagensängste zu überwinden. Überdenke die folgenden Aspekte:

1. Du bist nicht allein

Die Tatsache, dass jedermann Fehler begeht, vergessen wir dann, wenn uns selbst ein Missgeschick passiert. Auf die eine oder andere Art ist jeder ein direkt Betroffener, denn wir alle sind mindestens zeitweise Versager, es fragt sich nur, in welchem Bereich und in welchem Ausmaß.

13 Siehe 2. Mose 33,1-3 und 4. Mose 14,7-9.
14 Vgl. 4. Mose 14,10-45.

> Ein Buchhalter bewarb sich um einen hohen Posten in einem großen Unternehmen. Am Schluss des Vorstellungsgesprächs sagte der Geschäftsführer: »Die letzte Frage – wieviel ist drei mal sieben?« Der Bewerber überlegte kurz und erwiderte dann: »Zweiundzwanzig.« Draußen prüfte er das Ergebnis auf seinem Taschenrechner nach und sagte sich, dass er den Posten wohl nicht bekommen würde. Doch zwei Wochen später wurde ihm der Job angeboten. Er fragte den Vorsitzenden, wieso man ihn nehme, seine Antwort sei doch nicht richtig gewesen. »Aber Sie waren dichter dran als die anderen«, erwiderte der Vorsitzende. (S. Nettle)

Es geht nicht darum, ob uns Pannen passieren, es geht vielmehr darum, ob wir auch dazu stehen können. Jakobus spricht Klartext, wenn er im Neuen Testament schreibt: *»Wir machen ja alle viele Fehler.«* (Jakobus 3,2a Bruns) Oder wie Ulrich Wilckens übersetzt: *»Denn wir alle verfehlen uns vielfach.«*
Das Wort »alle« steht hier im Griechischen in der starken Form und am Schluss des Satzes zur speziellen Betonung. Es soll deutlich werden, dass die Aussage ohne Ausnahme gültig ist.[15] In diesem »wir alle« schließt sich Jakobus, der Halbbruder von Jesus, selber mit ein. Das macht ihn sympathisch und menschlich. Jakobus war der anerkannte Gemeindeleiter in Jerusalem; trotzdem steht er ehrlich zu den eigenen Defiziten. Er war nicht darauf aus, sein Image zu polieren; er hatte es auch nicht nötig, sich zu profilieren. Manche traditionell geprägten Leute denken aber in hierarchischen Kategorien. Vorbilder werden als geistliche Schwergewichte auf eine Etage gehoben, wo sie gar nicht hingehören. Vergiss die Vorstellung von De-Luxe-Persönlichkeiten. Wenn alles getan und gesagt ist, bleiben wir, was wir sind: gefallene Geschöpfe. Wie sagt doch Paulus:

> *Denn darin sind die Menschen gleich: Alle sind Sünder und haben nichts aufzuweisen, was Gott gefallen könnte. (Römer 3,23 Hoffnung für alle)*[16]

15 Vgl. 1. Könige 8,46; Sprüche 20,9; Kohelet 7,20; Römer 3,9; 1. Johannes 1,8.

16 Nach zwölfjährigen Forschungen hat der Geistliche Anthony Sheridan in Glasgow herausgefunden, dass es nicht weniger als 726 Sünden gibt. (Aus einem Bericht der Londoner »Times«, 1960)

Jeder Mensch ist so gesehen ein Versager, auch die besten unter uns. Die gute Nachricht besteht darin, dass Christus sein Leben für Versager hingegeben hat:

> *Aber was sich keiner verdienen kann, schenkt Gott in seiner Güte: Er nimmt uns an, weil Jesus Christus uns erlöst hat. (Römer 3,24 Hoffnung für alle)*

Selbst nachdem ein Mensch mit Gott klargekommen ist, bleibt er ein Versager.
Jakobus spricht von bekehrten Leuten, wenn er schreibt: »Wir machen ja alle viele Fehler«. Entschiedenes Christsein bewahrt nicht vor Absturz – doch es schenkt die Kraft und ermutigt dazu, nicht in der Talsohle zu verharren.
Das Wort »Fehler« hat die buchstäbliche Bedeutung von einem Fuß, der gegen ein Objekt stößt und die Person zum »Straucheln« bringt.[17] Im übertragenen Sinne ist ein moralischer Lapsus gemeint, ein Versagen, das die Vorwärtsbewegung unterbricht. Impliziert ist dabei, dass der Betroffene, nachdem er gestrauchelt ist, wieder aufstehen und seinen Weg fortsetzen kann.
Jakobus 3 weist noch auf ein weiteres Detail hin, wenn es heißt:
»Wir machen ja alle viele Fehler.« (Jakobus 3,2 a Bruns)
Nicht nur machen alle Fehler, sondern: alle machen *viele* Fehler. Der Begriff »viele« beschreibt ein breites Spektrum von »Strauchelmöglichkeiten«.[18] Die zahlenmäßige Menge und die zeitliche Frequenz der Dummheiten, die wir begehen, variieren, aber auch da stehen wir nicht allein. Wir befinden uns in guter Gesellschaft und brauchen uns nicht zu verstecken.
Manche Leute bemühen sich tagtäglich, ein Ich-bin-okay-Image aufrecht zu erhalten. Auf die Dauer wird das stressig. Andere um dich herum wissen ganz genau, dass du ein Mensch und kein Denkmal bist. Also was soll der ganze Aufwand? In

17 Der Begriff wird in Jakobus 2,10 genauso übersetzt (Elberfelder).
18 Als konkretes Beispiel nennt Jakobus die Zunge, d. h. verbales Versagen. Er schildert die gravierenden Folgen, die eintreten können, wenn jemand seine Zunge nicht im Griff hat.

dem Moment, wo du dein Image loslassen kannst, verliert die Angst zu versagen ihren Einfluss auf dich.
Ich darf dazu stehen: Ich habe versagt, ich versage und ich werde versagen; das ist ein Teil meines Menschseins. Ich bin nicht Gott, und du bist es auch nicht. Wer sich das vor Augen hält, der kann mit seinen Fehlern gelassener umgehen.
Eine solche Ehrlichkeit öffnet Türen. David hat wohl recht, wenn er schreibt: *»Deine Nähe erfährt jeder, der offen und ehrlich vor dir lebt.«* (Psalm 140,14 b Hoffnung für alle)

2. Du bist nicht am Ende

> Seinen reißfesten Jeans verdankt ein 20-jähriger aus Edinburgh nach einem Sturz in einen Fahrstuhlschacht sein Leben. Wie die schottische Polizei mitteilte, war der Mann beim Versuch, sich aus einem stecken gebliebenen Lift zu befreien, in die Tiefe gestürzt. Im zehnten Stockwerk verfingen sich seine Jeans an einem vorstehenden Stahlträger und stoppten den Fall. Nachdem er über eine Stunde im Schacht gehangen hatte, konnte der Mann befreit werden.[19]

Manchmal komme ich mir vor wie dieser Schotte, der an seinem Hosenträger über dem Abgrund baumelte. Die Angst zu versagen kann in uns ähnlich dramatische Gefühle erzeugen. Doch in den meisten Fällen sind unsere Vorstellungen maßlos übertrieben. Eine Niederlage ist selten tödlich. Die Angst vor dem Misserfolg ist viel schädlicher als der Misserfolg selbst!

> *Denn siebenmal mag der Gerechte fallen, aber er steht doch wieder auf… (Sprüche 24,16 a Bruns)*[20]

Ich schätze diesen Vers, weil er die Realität beschreibt. Selbst der Gerechte fällt. Nicht *ein* Mal, sondern *sieben* Mal. Warum ausgerechnet sieben Mal? Die Zahl steht symbolisch für Fülle und Vollständigkeit, das heißt, gläubige Menschen werden im-

19 Neue Zürcher Zeitung, 17. 4. 1992, S. 28, »Jeans als Lebensretter.«
20 Siehe auch Psalm 37,23-24.

mer wieder, unzählige Male, versagen, aber der springende Punkt ist nicht die Zahl der Abstürze, sondern die Tatsache, dass der Gerechte mit Gottes Hilfe wieder auf die Beine kommt, egal wie tief der Sturz. Paulus beschreibt seine eigene Erfahrung mit diesen Worten:

> *Denn obwohl uns die Schwierigkeiten von allen Seiten bedrängen, lassen wir uns nicht von ihnen überwältigen. Wir sind oft ratlos, aber nie verzweifelt. Von Menschen werden wir verfolgt, aber bei Gott finden wir Zuflucht. Wir werden zu Boden geschlagen, aber wir kommen dabei nicht um. (2. Korinther 4,8-9 Hoffnung für alle)*

Erfolgreiche Leute sind nicht Leute, die nie einen Fehlschlag verkraften müssen, es sind Leute, die danach nicht liegen bleiben. Das ist der Unterschied.

Die erste große Niederlage, die ich einstecken musste, war eine Prüfung als Pfadfinder. Ich hatte das Examen nicht bestanden und war so enttäuscht, dass ich sofort aus dem Pfadibetrieb aussteigen wollte. Meine Mutter ließ das aber nicht zu und erteilte mir eine Lektion, an die ich mich heute noch erinnern kann: Angezählt heißt nicht ausgezählt!

Manche Schlappen stecken wir ein, ohne selber schuld zu sein. Nicht jedes Versagen ist begründet durch fehlerhaftes Verhalten. Es gibt im Leben auch Faktoren, über die wir keine Kontrolle haben.

> Vor Jahren lebte in London ein junger Mann, der gerne Schriftsteller geworden wäre. Doch es schien, als hätte sich alles gegen ihn verschworen. Seine Eltern waren zu arm gewesen, um ihn länger als vier Jahre in die Schule zu schicken. Der Vater wurde ins Gefängnis gesteckt, weil er seine Schulden nicht bezahlen konnte, und der junge Mann wusste, was es hieß, Hunger zu leiden. Schließlich fand er eine Stelle und klebte in einem von Ratten wimmelnden Lagerschuppen Etiketten auf Flaschen mit Schuhschwärze. Nachts schlief er in einer trostlosen Dachkammer, die er mit zwei Straßenjungen aus dem Londoner Elendsviertel teilte. Er hatte so wenig Vertrauen in seine schriftstellerischen Fähigkeiten, dass er sich mitten in der Nacht hinausschlich, um sein erstes Manuskript abzuschicken, aus Angst, man könnte sich über ihn lustig machen. Eine Geschichte nach der andern wurde abgelehnt.

> Bis schließlich der große Tag kam, an dem zum ersten Mal eines seiner Manuskripte angenommen wurde. Er erhielt zwar keinen einzigen Schilling Honorar dafür, aber einer der Herausgeber hatte ihn gelobt. Einer hatte ihm Anerkennung gezollt. Er war so überwältigt, dass er ziellos durch die Straßen lief, während ihm die Tränen über die Wangen rollten.
> Das Lob und die Anerkennung, die ihm durch die Veröffentlichung einer seiner Geschichten zuteil wurden, veränderten seine ganze Laufbahn. Ohne diese Ermunterung hätte er wahrscheinlich sein Leben lang in einem von Ratten wimmelnden Schuppen gearbeitet. Vielleicht haben Sie auch von diesem jungen Mann gehört. Er hieß Charles Dickens.[21]

Eine Absage zu bekommen oder in irgendeinem Bereich zu versagen ist nicht das Schlimmste, was uns zustoßen kann. Wir dürfen unsere Fehlschläge nicht überbewerten. Auch nach einer Niederlage ist Gott mit uns noch lange nicht am Ende!

> *Lasst also nicht nach in euerm Bemühen, Gutes zu tun. Es kommt eine Zeit, in der ihr eine reiche Ernte einbringen werdet. Gebt nur nicht vorher auf! (Galater 6,9 Hoffnung für alle)*

3. Du hast den Vorteil der Erfahrung

> Erfahrung ist die Summe der Dummheiten, die man machen durfte, ohne sich den Hals zu brechen. (Paul Wegener)

Nachdem Thomas Edison siebenhundert erfolglose Versuche unternommen hatte, das elektrische Licht zu erfinden, wurde er von einem Reporter der New York Times gefragt: »Wie fühlt man sich, wenn man siebenhundert Mal versagt hat?« Der große Erfinder antwortete: »Ich habe nicht siebenhundert Mal versagt. Ich habe nicht ein einziges Mal versagt. Es ist mir gelungen zu beweisen, dass diese siebenhundert Methoden nicht funktionieren. Wenn ich jene Verfahren eliminiert habe, die nichts taugen, dann werde ich den Weg finden, der funktio-

21 Carnegie, Dale. *Wie man Freunde gewinnt.* Scherz, Bern, 1938, S. 232.

niert.« Edison verbuchte mehrere tausend weitere solche Erfolge, bis er schlussendlich die elektrische Glühbirne erfand. Versagen ist eine Einstellung, nicht ein Ergebnis![22]
Gewöhnlich beurteilen wir eine Panne als eine negative Erfahrung, doch kluge Leute wissen, wie man einen Vorteil aus einem Versagen zieht. Sie machen das Beste aus der Situation und profitieren von der gemachten Erfahrung. Gott benützt unsere Niederlagen oft als Instrument, um in uns Veränderungen zu bewirken. Unsere Verlegenheiten werden zu seinen Gelegenheiten. Vielleicht fragst du: Wie geschieht das konkret? Wie kann Gott Fehlschläge gebrauchen, damit Frucht entsteht?

a. Dein Wachstum wird gefördert

Wer seine Verfehlungen verheimlichen will, dem gelingt nichts; wer sein Unrecht bekennt und aufgibt, der findet Gottes Erbarmen. (Sprüche 28,13)

Es liegt in der menschlichen Natur, unsere »Ausrutscher« zu verstecken und unsere Fehler zu übersehen. Es ist jedoch schwer, von einem Fehler zu lernen, wenn er nicht eingestanden wird. Und was nützt ein Fehler, wenn daraus keine Lernerfahrung resultiert? Lernen tun wir von einem Irrtum erst dann, wenn wir ihn erkennen, bekennen, analysieren und korrigieren.[23]
Erfolg – Salomo spricht von »Gelingen« – hängt zu einem nicht geringen Teil davon ab, die eigenen Missgriffe wahrzunehmen und nicht zu wiederholen. Fehler machen ist keine Schande. Ich kenne einen Pastor, der seine Gemeinde allen Ernstes dazu ermutigt, jede Woche mindestens *einen* guten Fehler zu produzieren. Ziemlich paradox? Nein, dieser Ge-

22 Mackay, Harvey. *Beware The Naked Man Who Offers You His Shirt.* Ivy Books, New York, 1991, S. 373.

23 Die klassische Ausweitung dieser Aussage findet sich im Alten Testament in Psalm 32,1-5; im Neuen Testament in 1. Johannes 1,6-9. Beerdigte Fehler sind konservierte Fehler!

meindeleiter ist Pädagoge, er weiß: Wer keine Fehler macht, der riskiert nichts, der lernt nichts, der ist auch nicht am Wachsen! Problematisch wird es erst dann, wenn einer immer wieder denselben Mist baut. Die meisten von uns sind Gewohnheitstiere, das heißt, unsere Fehler sind so sehr Teil von uns, dass wir nicht den Mut haben, *neue* Fehler zu wagen. Wir wiederholen dieselben alten dummen Schnitzer. Dadurch bleiben wir in unserer Entwicklung stehen.

Die Freiheit von der Angst zu versagen, ist die Freiheit, zu wachsen. Fehler sind daher nichts anderes als Lernerfahrungen. Manche Dinge begreifen wir erst, wenn wir versagt haben, wenn wir durch Versuch und Irrtum zur Einsicht gekommen sind.[24]

> *Auch der Erfahrene lernt noch dazu und macht Fortschritte in der Kunst, die Aufgaben des Lebens zu bewältigen. (Sprüche 1,5)*

Die Bereitschaft zu lernen ist das Markenzeichen der Weisheit. Erfahrene Leute sind erfahren, weil sie auf Rat hören und weil sie Rückschläge nicht als *Scheitern* interpretieren, sondern eben als Lernprozess.

b. Deine Motive werden geläutert

Gott benützt negative Ereignisse auch, damit wir unsere Beweggründe hinterfragen.

Oft ändern wir bestimmte Verhaltensweisen, nicht weil wir das Licht sehen, sondern weil wir die Hitze spüren. Viele biblische Persönlichkeiten illustrieren diese Tatsache. David zum Beispiel war ein Versager als Ehemann, als Vater und als Führer der Nation. Am Ende seines Lebens war sein familiäres und sein politisches Umfeld im Zerfall begriffen.[25] In früheren

24 Die Freiheit, Fehler machen zu dürfen, heißt nicht, dass jeder tun und lassen kann, was er will. Siehe dazu Müller, Harry, *Gemeinde im Umbruch,* Hänssler, Neuhausen, 1995, S. 130-131.

25 Nimm dir die Zeit, 1. Könige 1 zu lesen. Das dort präsentierte Bild zeigt einen König, der die Situation nicht mehr im Griff hat.

Jahren wurde David »ein Mann nach Gottes Herzen« genannt.[26] Durch seine Affäre mit Batseba ruinierte er seine moralische Autorität in der Familie. Einer seiner Söhne, Amnon, vergewaltigte seine Schwester Tamar. Absalom wurde von Joab, dem engsten Heerführer Davids, umgebracht. Ein anderer seiner Söhne, Adonija, führte einen Putsch durch und wurde hingerichtet. David war ein Versager als Vater. Er getraute sich nicht, seine Kinder zu disziplinieren, und erntete daraus bittere Konsequenzen.[27] Am Ende seines Lebens war auch die Nation Israel an einem Tiefpunkt angelangt: Absalom, Ahitofel, Scheba und Adonija hatten Palastrevolten inszeniert. Nach dem Tode Davids wurde sein Königreich tatsächlich gespalten.
Quizfrage: Was machte den Versager David zu einer so speziellen Person? Warum wird er trotz seiner schwerwiegenden Fehltritte hoch geachtet? Die Bibel macht deutlich, dass seine Herzenseinstellung auf Gott ausgerichtet war. Auch wenn er versagt hatte, suchte er doch Gott mit ganzem Herzen. Seine Motive wurden durch seine Misserfolge geläutert. Er erkannte seine Schuld und demütigte sich vor Gott:

> *Herr, erst wollte ich meine Schuld verschweigen; doch davon wurde ich so krank, dass ich von früh bis spät nur stöhnen konnte. Ich spürte deine Hand bei Tag und Nacht; sie drückte mich zu Boden, ließ meine Lebenskraft entschwinden wie in der schlimmsten Sommerdürre. Darum entschloss ich mich, dir meine Verfehlungen zu bekennen. Was ich getan hatte, gestand ich dir; ich verschwieg dir meine Schuld nicht länger. Und du – du hast mir alles vergeben! Bei dir finde ich Schutz; du hältst die Not von mir fern, so dass ich über meine Rettung jubeln kann. Der Herr hat mir geantwortet: »Ich sage dir, was du tun sollst, und zeige dir den richtigen Weg. Ich lasse dich nicht aus den Augen.« (Psalm 32,2-5 und 7-8)*

Psalm 32 ist einer der Bußpsalmen.[28] Nachdem David seine Entgleisung mit Batseba ein Jahr lang verheimlicht hatte, brachte er die Sache ans Licht und schrieb den Psalm, um ehr-

26 Siehe 1. Samuel 13,14.
27 Vgl. 1. Könige 1.6.
28 Psalm 6; 32; 38; 51; 102; 130; 143.

liche Bilanz zu ziehen. Seine Erfahrung sollte uns ermutigen, die peinlichen Abschnitte unserer eigenen Biografie aus Gottes Perspektive zu sehen.

David hat jämmerlich versagt in wichtigen Lebensbereichen, aber er hat sein Herz Gott gegenüber nicht verhärtet. Er ist in sich gegangen, er hat über die tiefsten Beweggründe seines Verhaltens nachgedacht, und ich glaube, er hat Befreiung erfahren – nicht nur von einem belasteten Gewissen, sondern auch von seiner Angst, weiter zu versagen.

Niederlagen haben noch eine dritte heilsame Wirkung; sie machen uns empfindsam für andere:

c. Deine Gefühle werden sensibilisiert

Paulus schreibt an die Römer:

> *Sogar dass wir jetzt noch leiden müssen, ist uns ein Grund zur Freude. Denn wir wissen, dass Leiden zur Standhaftigkeit führt; Standhaftigkeit aber führt zur Bewährung, und in der Bewährung festigt sich unsere Hoffnung. Diese Hoffnung aber gibt uns die Gewissheit, dass Gott uns nicht fallen lässt. (Römer 5,3-5 a)*

Mal ehrlich: Ist das, was Paulus im ersten Satz sagt, wirklich unsere typische Reaktion, wenn etwas schief geht? Wohl kaum! Wer leidet, hat normalerweise keinen Spass daran. Was ist gemeint mit der Aussage: *»Sogar dass wir jetzt noch leiden müssen, ist uns ein Grund zur Freude«?*

Der Apostel blickt in die Zukunft. Er weiß, dass das Christentum keine Schönwetterreligion ist. Leiden und Versagen gehören zu den Schattenseiten des menschlichen Daseins, aber solche Erlebnisse fordern uns heraus. Wir werden geprüft und sensibilisiert.

»Denn wir wissen, dass Leiden zur Standhaftigkeit führt ...«: Das Wort »Standhaftigkeit« wird von Luther mit »Geduld« übersetzt. Selber versagt zu haben macht uns nachsichtiger im Umgang mit anderen »Versagern«.[29]

29 Das griech. Wort *hupomone* hat auch die Bedeutung von »Ausdauer«. Es bezeichnet die Fähigkeit, weiter zu gehen trotz Widerstand und Schwierigkeiten.

Geduld wiederum erzeugt »Bewährung« oder »vertieften Charakter«. Der Begriff wurde im Altertum verwendet, um den Reinheitsgrad von teuren Metallen wie Gold und Silber zu beschreiben.[30] Unter dem Druck von Leid und Versagen wird unser Charakter geprüft. Wir wachsen, werden empfindsam für andere und auch vorsichtiger im Umgang mit scharfen Worten und harten Urteilen.
Stell dir mal vor, wie schwierig es wäre, mit dir zu leben, wenn du nichts als Erfolge zu verbuchen hättest. Du wärest ein so überhebliches und unausstehliches Wesen, dass niemand deine Gegenwart ertragen könnte. Gott gebraucht unsere Fehler, um unseren Charakter zu kultivieren und unsere Gefühle für andere zu sensibilisieren. Natürlich geschieht dieser Prozess nicht automatisch. Nur da, wo wir lernbereit sind und reagieren, wird Gott aus Bitterem Besseres machen.
Merksatz: *Wer sein Versagen als Lernerfahrung beurteilt, der fördert sein Wachstum, klärt seine Motive und sensibilisiert seine Empfindungen für andere.* So gesehen kann Gott unsere Verlegenheiten tatsächlich in Gelegenheiten verwandeln.
Jemand hatte auf einen teuren Stoff Tinte gekleckst. Ein Künstler sah das Malheur und beschloss spontan, das Beste aus der Sache zu machen. Er zeichnete auf die Textilie ein tolles Bild und benützte den Fleck als Teil seiner Darstellung. So wirkt auch Gott: Er nimmt unsere Fehler aus der Vergangenheit und integriert sie in seinen übergeordneten Plan.
Gegen die Furcht zu versagen gibt es ein Gegenmittel, nämlich die Erkenntnis: 1. Ich bin nicht allein. 2. Ich bin nicht am Ende. 3. Ich habe den Vorteil der Erfahrung. Es bleibt noch ein letzter Aspekt:

4. Du kannst dich in Gottes Gnade entspannen

Wie ein Vater seine Kinder liebt, so liebt der Herr alle, die ihn ehren. Denn er weiß, wie vergänglich wir sind; er vergisst nicht, dass wir nur Staub sind. (Psalm 103,13-14 Hoffnung für alle)

30 MacArthur, John F. *Romans – The MacArthur New Testament Commentaries.* The Moody Bible Institute, Chicago, 1991, S. 282.

Das ist eine ungemein tröstliche Feststellung. Weißt du, was dieser Psalm eigentlich sagt? Gott ist nicht überrascht, wenn wir versagt haben! Er kennt unsere Veranlagung, er weiß, dass wir charakterlich Junkies sind, er ist informiert über unsere Menschlichkeit. Er hat uns ja geschaffen![31] *»Er weiß, wie vergänglich wir sind; er vergisst nicht, dass wir nur Staub sind.«*

Das Personalpronomen »Er« wird hier im Hebräischen speziell betont. Gott kennt uns besser, als wir uns selbst kennen. Oft überschätze ich mich, beurteile meine Form unrealistisch und bin dann enttäuscht, wenn ich mit meinen Schwächen aufs Neue konfrontiert werde. Paul Tournier schreibt:

> Die Bibel empfiehlt uns nicht, aus dem Lager der Schwachen in das der Starken hinüberzuwechseln, sondern unsere Schwachheit einzugestehen. Wenn es uns schwer fällt, unsere Ängste zu bekennen, so liegt es daran, dass wir immer stark erscheinen möchten. Und diese Scham ob der eigenen Angst fixiert die Angst und lässt sie schädlich werden.[32]

Die Angst zu versagen ist auch die Angst vor der Scham. Ich will besser dastehen, als in Wirklichkeit und muss mir doch eingestehen, dass ich völlig von der Gnade Gottes abhängig bin.

> *Der Mensch ist wie das Gras, er blüht wie eine Blume auf dem Feld. Wenn der heiße Wüstenwind darüber fegt, ist sie spurlos verschwunden, und niemand weiß, wo sie geblüht hat. Die Güte des Herrn aber bleibt für immer und ewig; sie gilt allen, die ihm gehorchen. (Psalm 103,15-17a Hoffnung für alle)*[33]

31 Natürlich kann dieser Tatbestand auf Kosten der Kehrseite überbetont werden. Es ist sonnenklar, dass menschliche Schwächen nie als Vorwand oder Rechtfertigung für die Übertretung von Gottes Geboten herhalten können. »Gott hat euch zur Freiheit berufen, Brüder! Aber missbraucht sie nicht als Freibrief für Selbstsucht und Lieblosigkeit« (Galater 5,13). Siehe auch 1.Korinther 8,9 und 1. Petrus 2,16.

32 Tournier, Paul. *Antwort, die das Leben gibt.* Herder, Freiburg im Breisgau, 1987, S. 132-133.

33 Die Worte »die ihm gehorchen« können missverstanden werden. Erlösung beruht auf Glauben, nicht auf Gehorsam. Doch Vertrauen wird manchmal in der Bibel auch als Glaubensgehorsam bezeichnet. Das hebr. Wort für »gehorchen« in Psalm 103,17 müsste eigentlich mit »fürchten« übersetzt werden (siehe Elberfelder).

Gott liebt uns selbst dann, wenn wir jämmerlich versagt haben. Wer meint, er müsse sich Gottes Liebe verdienen, der hat das Wesentliche der guten Nachricht noch nicht begriffen. Gnade ist per Definition unverdiente Gunst. Sie ist nicht an Leistungsbedingungen gebunden, sondern wird denen geschenkt, die sich Gott mit kindlichem Glauben anvertrauen. In seiner Gnade finden wir Zuflucht.

Eine berühmt gewordene Story aus den Annalen des »Rose-Bowl«, dem Wettbewerb der Hochschulen des American Football in Kalifornien, zeigt, was es auf der menschlichen Ebene bedeutet, wenn eine Person trotz Versagen bedingungslos akzeptiert wird:

> Im Jahre 1929 machte ein Footballspieler des Teams der Universität von Kalifornien, Roy Riegels, Geschichte. Im zweiten Viertel der Spielzeit nutzte er eine Unsicherheit der gegnerischen Mannschaft, erwischte den Ball und lief auf die Endzone zu – allerdings auf der falschen Seite. Einen Augenblick blieben die anderen Spieler wie versteinert stehen. Dann lief Benny Loom, einer von Roys Mitspielern, hinter ihm her. Nach einem spektakulären Spurt wurde ein verwirrter Riegels von seinem eigenen Teamgefährten zu Boden gerissen, gerade noch rechtzeitig, bevor er für die gegnerische Mannschaft ein Tor schießen konnte. Riegels Mannschaft musste nun mit dem Rücken zur eigenen Torlinie den Ball spielen. Die Spieler der gegnerischen Mannschaft fingen den Schuss aus der Endzone ab und machten damit zwei Punkte – genau der Vorsprung, mit dem sie auch am Ende des Spiels gewannen.
>
> Zur Halbzeit schlichen die Spieler der Universität von Kalifornien niedergeschlagen in ihre Umkleidekabine. Zuschauer wie Spieler waren gleichermaßen gespannt, welches Schicksal Riegels in der Hand von Trainer Price erwartete. In der Kabine ließ sich Riegels in einer Ecke auf die Bank fallen, verbarg sein Gesicht in den Händen und weinte hemmungslos. Trainer Price sagte kein Wort und machte auch nicht den Versuch, ihn aufzumuntern. Was hätte er auch sagen sollen? Als die Mannschaft sich für die zweite Halbzeit fertig machte, war sein einziger Kommentar: »Männer, wir beginnen die zweite Halbzeit mit derselben Mannschaft, die auch die erste Halbzeit gespielt hat.« Die Spieler gingen zur Tür, alle außer Riegels. Trainer Price ging in die Ecke, in der Riegels saß, und sagte mit ruhiger Stimme: »Roy, hast du nicht gehört? Ich sagte: Wir beginnen die zweite Halbzeit mit derselben Mannschaft, die auch die

> erste Halbzeit gespielt hat.« Roy antwortete: »Das kann ich nicht. Ich habe Sie blamiert und dazu die Universität und mich selbst. Ich kann unmöglich wieder vor die Zuschauer im Stadion treten.« Der Trainer legte seinem Spieler die Hand auf die Schulter und sagte: »Roy, steh auf und geh wieder hinaus; das Spiel ist erst halb vorüber.« Roy Riegels ging also hinaus und spielte weiter – mit mehr Einsatz, sagten die Spieler später, als sie jemals zuvor bei einem Footballspieler gesehen hatten.[34]

Haddon Robinson hat diesen Bericht in der Studentenzeitschrift »Campus Life« gebracht. Anschließend kommentierte er:

> Wenn ich an diese Geschichte denke, dann denke ich: »Was für ein Trainer!« Und dann kommen mir all die großen Fehler in den Sinn, die ich in meinem Leben gemacht habe, und wie Gott bereit ist, mir zu vergeben und mir eine neue Chance zu geben. Ich nehme den Ball und laufe in die verkehrte Richtung. Ich stolpere und falle und schäme mich so, dass ich mein Gesicht nicht mehr zeigen will. Doch Gott kommt zu mir und beugt sich über mich in der Person seines Sohnes, Jesus Christus, und sagt: »Steh auf und geh wieder hinaus; das Spiel ist erst halb vorüber.« Das ist die gute Nachricht von der zweiten Chance. Von der dritten Chance. Von der hundertsten Chance. Und wenn ich darüber nachdenke, muss ich sagen: Was für ein Gott![35]

Fazit: Höre auf, deine Gefühle der Zerknirschung zu pflegen. Männer wie Mose, David, Elia, Paulus und Petrus haben Fehler gemacht, schwerwiegende sogar, und dennoch hat Gott sie nicht abserviert. Wer sich als Versager fühlt und in konstanter Selbstanklage badet, wird seine Versagensangst nicht los. Was geschehen ist, ist geschehen. Gott schenkt eine weitere Chance. Er befreit von der drückenden Last der Vergangenheit und möchte dir helfen, zuversichtlich in die Zukunft zu schauen.

34 Campus Life, Januar 1980.
35 Ebd.

Auch wenn ich selber allen Mut verliere, du, Herr, weißt, wie's mit mir weitergeht! Zu dir, Herr, schreie ich! Ich sage: Du bist meine Zuflucht, du gibst mir alles, was ich im Leben brauche! (Psalm 142,4a.6)

AUGEN AUF UND DURCH

Sucher:

Vielleicht sagst du von dir selbst: »Die Angst, Erwartungen nicht zu erfüllen, kenne ich nicht.« Stimmt das wirklich? Da wärst du ein erstaunliches Menschenexemplar. Spätestens wenn es um die Frage geht, wie man Gott näher kennen lernt, fällt auf, dass Demut bei ihm als Tugend gilt. Kleines Projekt gefällig? Lies doch diese Woche Lukas 18,9-14. Siehst du den Zusammenhang mit dem heutigen Thema? Wieso verdreht Christus hier unsere bewährten Erfolgskategorien?

Insider:

Manche Menschen erscheinen distanziert und unnahbar einfach deshalb, weil sie nie gelernt haben, ihre Verletzlichkeit anderen gegenüber aufzudecken. Versagensängste sind da, aber man traut sich selbst dem eigenen Partner nicht zu sagen, wie die innere Landkarte wirklich aussieht. Negative Erfahrungen, Scham und Verlegenheit blockieren den Zugang.
Jemand sagte: »Ein zerschlagenes Ei lässt sich nicht flicken.« Das stimmt, aber du kannst mindestens eine Omelette daraus machen. Vorschlag: Wage ein Gespräch mit jemandem, dem du vertraust: Welche Niederlagen der Vergangenheit machen dir heute noch zu schaffen? Wie gehst du normalerweise um mit Misserfolg? Gäbe es konstruktivere Wege? Wie sähen die aus? Die Bibel berichtet von verschiedenen Persönlichkeiten, die versagt haben und die von Gott dennoch gebraucht wurden. Lass dich ermutigen von einem, dem wir menschlich gesehen eine schlechte Prognose stellen würden. Du findest den Text in Matthäus 26,69-75 und Johannes 21,15-19.

5. Angst vor der Krise

Psalm 18,28-33

Drama im Weltraum: Am 13. April 1970, bei der dritten Reise zum Mond, kommt es zum Fiasko. Eine massive Explosion an Bord gefährdet die gesamte Stromversorgung des Raumschiffes und versetzt die Fähre in eine schwere Schlingerbewegung. Die drei Astronauten waren in Gefahr, im grenzenlosen All verloren zu gehen und eingeschlossen in ihrem High-Tech-Sarg in die ewige Nacht hinauszudriften.

> Es war die Untertreibung des Jahrhunderts: »Houston, wir haben ein Problem«, meldet Astronaut Jack Swigert am 13. April 1970 um 21 Uhr 07 Ortszeit an »Mission Control« in der südtexanischen Metropole. Wenige Sekunden zuvor ist das Raumschiff, in dem Pilot Swigert, sein Kollege Fred Haise und Kommandant Jim Lovell mit 3 500 Stundenkilometern in Richtung Mond rasten, von einem schweren Rums erschüttert worden. Jetzt torkelt das knapp 20 Meter lange Gefährt wie angeschossen durchs All. Das Kontrollinstrument für einen der beiden Hauptstromkreise zeigt einen deutlichen Spannungsabfall.
> Die Computer der Bodenstation haben den Defekt auch erfasst. Schlimmer noch: Die Füllanzeige für einen der beiden Sauerstofftanks im Versorgungsteil des Raumschiffes ist schlagartig auf Null gesunken. Und zwei der drei Brennstoffzellen, in denen ... Strom erzeugt wird, sind offenbar ausgefallen. »Wenn das alles stimmt, können wir die Mondlandung vergessen«, ahnt Lovell.
> Bei Mission Control hofft man noch, die Alarmsignale könnten sich als »Ratten-Daten« entpuppen, als Computer- oder als Messfehler der sensiblen Instrumente. Doch innerhalb weniger Minuten ist klar: Die Anzeigen stimmen. Nun steigt der Adrenalinspiegel auch bei den hartgesottenen Experten.
> Zuallererst geht es um drei Menschenleben, die da draußen etwa 330 000 Kilometer von der NASA-Zentrale entfernt in einer Blechdose kauern, umgeben vom 270 Grad kalten, absolut tödlichen Vakuum des Weltalls ...
> Bei der NASA ist man gewohnt, auf jede Frage sofort eine Antwort zu kriegen, für jedes Problem eine Lösung parat zu

> haben. Jetzt dauert es kostbare Minuten, bis die Auswirkungen der Erschütterung erfasst sind. Als Kommandant Lovell mit einem Blick durch eines der winzigen Fenster seiner Raumkapsel rauszukriegen versucht, weshalb sein Raumschiff noch immer durch den Kosmos schwankt, entdeckt er eine Gaswolke achteraus. »Anscheinend blasen wir etwas ins All«, meldet er an Mission Control.
> Von dort aus kann die Quelle rasch aufgespürt werden. Ein Sauerstofftank ist leckgeschlagen. Auch der zweite Tank, so zeigen die Daten auf den Monitoren, verliert Druck – anfangs nur langsam, doch bald immer schneller. Sein Vorrat, so kalkulieren die Experten in Houston hastig, würde nur noch wenige Stunden reichen. Selbst wenn die Apollo-Crew auf die Mondlandung verzichtete und auf dem schnellsten Weg zur Erde zurückkehrte, würde das noch Tage dauern.
> ... jetzt ist die Krise da. Das Versorgungsteil, in dem die Sauerstofftanks, die Brennstoffzellen, die Schaltkreise und alle anderen lebenswichtigen Vorräte und Apparaturen untergebracht sind, liegt unzugänglich hinter dem Hitzeschild der »Odyssee«-Kapsel. Und die Techniker, die jeden Kabelstrang und jede Lötstelle, jede Flansch und jedes Ventil noch mit verbundenen Augen hätten finden, auseinander nehmen und reparieren können, sind Hunderttausende von Kilometern weit weg. Und der Abstand wird von Minute zu Minute größer.[1]

Du sprichst von einer Krisensituation? Niemand wusste, ob die drei im Weltall erfrieren, ersticken oder bei der Notrückkehr in der Erdatmosphäre verglühen würden.
Die gesamte NASA-Maschinerie wurde augenblicklich auf Krisenmanagement umgestellt. Es dauerte 87 dramatische Stunden, bis es Gene Kranz, dem NASA-Flugdirektor, und seinem Team gelang, das Raumschiff in die Erdumlaufbahn zurückzubringen und unter Einsatz von genialen Improvisationen sicher zu wassern.[2]
Astronauten werden speziell trainiert, wie sie sich in Krisensituationen zu verhalten haben. Psychologische Schulung soll

1 Der Stern, 42/1995, S. 108-112, gekürzt.

2 24 Jahre später hat der Regisseur Ron Howard das spannende Raumfahrtabenteuer verfilmt. »Apollo 13«, mit Tom Hanks in der Hauptrolle, kostete 50 Millionen Dollar und spielte in Amerika in weniger als zwei Monaten das Dreifache des Produktionsaufwandes ein.

ihnen helfen, unter Stress Panik zu vermeiden. Die wenigsten von uns haben den Vorteil einer solchen hilfreichen Ausbildung, doch brauchen könnten wir sie allemal, denn jeder wird von kleinen und großen Lebenskonflikten heimgesucht.

Opfer der Umstände

Manche unserer Schwierigkeiten sind eher Bagatellen: eine vergessene Verabredung, ein enttäuschendes Gespräch, eine schlechte Note, eine verpasste Beförderung. Das sind Minikrisen, die wir in der Regel gut bewältigen.
Dann gibt es die »normalen« Statusveränderungen im Lebenslauf einer Person; oft erleben wir solche schon eher als echte Krise: Ablösung vom Elternhaus, Eintritt in den Beruf, Schwangerschaft, Wechseljahre der Frau, Midlife des Mannes, Ausscheiden aus dem Beruf, Altern etc. Zu diesen *normativen* Entwicklungskrisen kommen unerwartete Ereignisse hinzu: ein Unfall, eine Krankheit, ein Verbrechen, eine massive Kränkung, der Verlust einer Beziehung – was auch immer, irgendwann geraten wir in Situationen, die uns seelische Nöte bereiten. Wir fühlen uns als Opfer der Umstände. Nicht nur die Angst *vor* der Krise, auch die Angst *in* der Krise wird dann zum realen Problem.
Menschen reagieren unterschiedlich auf schwierige Ereignisse. Es gibt Leute, die richten sich ihr Leben so ein, dass sie unweigerlich als Verlierer dastehen. Ihr Unterlegenheitsgefühl resultiert aus der Art und Weise, wie sie mit sich selbst, ihren Krisen und ihren Mitmenschen umgehen.

> So lange wir Unerträgliches hinnehmen und mit Menschen zusammenarbeiten, die uns übervorteilen, so lange wir uns Dinge vorgaukeln, die nicht der Wahrheit entsprechen, und uns durch unser eigenes Verhalten in Schwierigkeiten bringen, so lange wir Situationen, die ohnehin nicht leicht zu bewältigen sind, zu unlösbaren Problemen hochstilisieren – so lange sind und bleiben wir emotionale Opfer, gefangen in einem ewigen Kreislauf aus Angst, Kummer und Leid.[3]

[3] Fensterheim, Herbert/Baer, Jean. *Was tun, wenn alles schiefgeht?* Mosaik, München, 1989, S. 24.

Die Autoren Fensterheim und Baer beschreiben vier Menschentypen, die als Opfer ihrer eigenen Emotionen leiden. Diese vier Gruppen sind weitverbreitet, und zu ihnen zählen religiös orientierte Leute genauso wie Freidenker.

1. Notorische Schwarzseher

Schwarzseher sind gewohnheitsmäßige Negaholiker, sie neigen zur Übertreibung. Ihre Tendenz, kleine Konflikte zu kapitalen Krisen aufzubauschen, macht ihnen das Leben schwer. Es gelingt ihnen nur selten, locker und gelöst mit den Wechselfällen des Alltags umzugehen.

2. Ewig Getretene

In seiner Denkweise fühlt sich der Herumgeschubste als Verlierer. Er versäumt es immer wieder, Maßnahmen zu seinem eigenen Schutz zu treffen. Beziehungskrisen sind für ihn die Norm. Es ist, als trüge er um den Hals ein Schild mit der Aufforderung: »Mit mir darf jeder machen, was er will, weil ich nichts von mir halte.«

3. Dauernd Betroffene

Sie sehen sich selbst als Opfer, auch wenn sie gar keines sind. Dauernd Betroffene wittern überall Ungerechtigkeit, Ausbeutung, Hinterhältigkeit, Zurückweisung oder Verleumdung. Diese Leute leben mit Krisen, die vorwiegend eingebildet sind.

4. Unbewusst Abhängige

Dieser Typus ist Opfer seines Umfeldes und merkt es nicht einmal. Unbewusst braucht er immer irgendwelche Spannungen, um sich ausnutzen zu lassen. Wer sich selbst für einen Verlierer hält, der spielt auch die Rolle des Verlierers und wird mit der Zeit zwangsläufig zum Verlierer, der von einer Krise in die nächste taumelt.

Das Problem mit unserem Problem ist nicht das Problem selbst, sondern wie wir damit umgehen. Nehmen wir noch einmal die Situation von Jim Lovell. Der Mann hatte sein gesamtes Leben der Raumfahrt gewidmet. Als er unmittelbar vor der Erfüllung seines Traumes stand, hat eine unerwartete Krise seine Hoffnung ein für allemal zerschlagen. Tom Hanks traf Jim Lovell während der Dreharbeiten zum Film »Apollo 13«. In einem Interview wurde Hanks nachher gefragt: »Was haben Sie von Lovell gelernt?« Seine Antwort:

> Wie man mit Enttäuschungen fertig wird. Ich habe gespürt, dass er die ganze Publicity und das Humtata um den Film und seine Person und sein Leben liebend gern eingetauscht hätte für eine Routinelandung auf dem Mond. Und wenn es geklappt hätte? Wäre er mit all den anderen längst in Vergessenheit geraten. Nur durch sein Scheitern ist er etwas Besonderes geworden. Und er hat überlebt.[4]

Erlernter Optimismus

Hast du dich je gefragt, warum manche Leute ihre Krisen als Herausforderung empfinden, während andere sich davon überwältigen lassen? Wie kommt es, dass manche Menschen fähig sind, trotz geschiedener Eltern und schwieriger Jugend ihre Probleme zu überwinden, während andere mit ähnlichem Hintergrund sich nie mehr davon erholen? Offensichtlich haben sich Optimisten eine Fähigkeit angeeignet, die ihnen hilft, Krisen besser zu bewältigen. Optimisten sind zu der Einsicht gelangt, dass wir unsere Einstellung im Wesentlichen selbst wählen. Wir können entscheiden, wie wir auf eine gegebene Situation reagieren wollen. Der Inhalt unseres Denkens wird von uns selbst gewählt. Paulus gab den Philippern diesen Rat:

> *Schließlich, meine lieben Brüder, orientiert euch an dem, was wahrhaftig, gut und gerecht, was anständig, liebenswert und schön ist. Wo immer ihr etwas Gutes entdeckt, das Lob verdient, darüber denkt nach. (Philipper 4,8 Hoffnung für alle)*

4 Der Spiegel, 33/1995, S. 90, »Wilder Westen im Orbit«.

Der Schlüssel zu diesem Vers ist das Wort »denkt.« Der Apostel erinnert daran, dass wir unser Denken »programmieren« können. Was ein Mensch in seinen Biocomputer einspeist, das wird gespeichert und irgendwann ausgedruckt. Input bestimmt Output.

»Wo immer ihr etwas Gutes entdeckt, das Lob verdient, darüber denkt nach«: Die Zeitform des Imperatives »denkt« beschreibt in der Sprache des Neuen Testamentes ein regelmäßiges, durch Gewohnheit etabliertes Denken. Paulus setzt voraus, dass wir für unsere Gedanken verantwortlich sind, und er nennt sechs Filter, durch die unsere Überlegungen fließen sollen: was wahrhaftig, gut, gerecht, anständig, liebenswert und schön ist.[5] Optimisten kontrollieren ihre Gedanken anhand dieser Kriterien.

Die Kontrolle unserer Denkprozesse ist deshalb so wichtig, weil durch sie die Schaltkabel für unser Verhalten gelegt werden:

> *Kurz, alles, was ihr von mir gelernt und bei mir gesehen habt, das setzt in die Tat um! Dann wird der Gott des Friedens mit euch sein. (Philipper 4,9 Bruns)*

Die Tat folgt aus der Beobachtung – das Denken bestimmt das Handeln. Paulus spricht beide Bereiche an, das Denken und das Tun, weil beide zusammengehören. Wer meint, er sei eine pessimistische Persönlichkeit, kann Mut schöpfen: Optimismus ist laut Neuem Testament lernbar.

1. Entscheidung oder Wendung

> Das Leben besteht nicht in erster Linie – und nicht einmal hauptsächlich – aus Fakten und Ereignissen. Es besteht hauptsächlich aus dem Sturm von Gedanken, die uns unablässig durch den Kopf ziehen. (Mark Twain)

[5] Die sechs Eigenschaften beschreiben Tugenden, ohne die es keine Ideale gibt und die das Denken und Handeln jedes Christen prägen sollten. Vgl. 1. Petrus 2,9 und 2. Petrus 1,3.5.

Das Wort »Krise« stammt aus der griechischen Sprache und kommt von dem Verb *krinein*, was so viel wie »richten« oder »entscheiden« heißt. Eine Krise ist also eine Situation, in der eine Entscheidung oder ein Wendepunkt heranreift. Krisen verlangen einen Entschluss, das heißt, sie enthalten immer eine negative und eine positive Chance. Von den vier wiederkehrenden Krisenformen:

– Verlustkrisen
– Entwicklungskrisen
– Beziehungskrisen
– Sinnkrisen

birgt jede in sich die Möglichkeit zu einem Neuansatz. Nehmen wir zum Beispiel die Partnerschaftskrise (Beziehungskrise): Die Erfahrung zeigt, dass Ehen besonders gestresst werden, wenn die Partner Kinder bekommen. Die neuen Belastungen, die durch den Sprössling entstehen, können Entfremdung oder aber engere Verbindung bewirken.[6] Ob eine Ehe durch die Elternschaft gewinnt oder verliert, hängt unter anderem von der Fähigkeit eines Paares ab, mit den entstandenen Veränderungen einfühlsam und optimistisch umzugehen.[7]

> Nachdem eine junge Frau und ihr Mann mit ihrem Baby aus dem Krankenhaus nach Hause gekommen waren, schlug sie ihm vor, dass er versuchen solle, die Windel zu wechseln. »Ich bin beschäftigt«, sagte er. »Ich mache es das nächste Mal.« Als das Baby wieder nass war, fragte sie, ob er nun bereit sei, zu lernen, wie man Windeln wechselt. »Ach«, erwiderte er schließlich, »ich habe nicht die nächste Windel gemeint. Ich meinte das nächste Baby.« (J. A.)

6 Die meisten Eltern steuern auf die Elternschaft mit der Vorstellung zu, dass das Baby sie einander näher bringen wird. Ein Kind kann aber anfangs durchaus den gegenteiligen Effekt bewirken. Es bringt Vater und Mutter auseinander, indem es die versteckten Differenzen ihrer Beziehung aufdeckt.

7 Die Untersuchungen von Jay Belsky und John Kelly (Pennsylvania Infant and Family Development Project) haben gezeigt, dass jede zweite Ehe nach der Ankunft des Babys eine Wendung zum Schlechteren nimmt. In dem Buch *Was ist mit uns passiert?* (Goldmann, München, 1993) erklären die Autoren, wo die Beziehungsprobleme junger Eltern liegen und wie man sie vermeiden kann. Ein Buch, das Eltern sehr zu empfehlen ist.

Ob in- oder außerhalb der Ehe, wir haben die Wahl, wie wir denken und reagieren wollen. Ob einer Pessimist ist oder Optimist, hängt von der eigenen Entscheidung ab. Unsere Gedanken und nicht äußere Ereignisse schaffen unsere Stimmungslage. Wer das einsieht, der korrigiert seine negativen Denkmuster und bewertet unangenehme Ereignisse als Herausforderung.

> Der Defensive klagt, der Offensive wagt.
> Der Defensive pflegt Heilige Kühe, der Offensive isst Steaks.
> Der Defensive redet, der Offensive handelt.
> Der Defensive fragt: »Warum?«,
> der Offensive fragt: »Warum nicht?«
> Der Defensive hat Einwände,
> und der Offensive hat Ideen.
> (Günter F. Gross)

2. Furchtlos, aber nicht sorglos

> Wenn man dauernd sagt, die Dinge würden einen schlechten Lauf nehmen, dann hat man gute Chancen, zum Propheten zu werden. (Isaac Singer)

Es ist wichtig, den Unterschied zwischen gesundem Optimismus und der sogenannten »Macht des positiven Denkens« zu erkennen. Eine gewisse Form des Positiven Denkens versucht, Slogans zu glauben, für die es keine Beweise gibt oder die sogar den Fakten widersprechen, so etwa im Stil von: »Es geht mir jeden Tag in jeder Hinsicht besser und besser.« Wem es gelingt, diese Art von Aussagen wirklich zu glauben, dem mag das eine Hilfe sein. Wer jedoch gelernt hat, kritisch zu denken, der kann mit der suggestiven Wiederholung erbaulicher Plattitüden wenig anfangen. Erlernter Optimismus verlangt genaues und kritisches Denken. Günter Gross, ein erfolgreicher Führungsberater in Berlin, warnt davor, erlernten Optimismus als unrealistische positive Annahmen misszuverstehen:

> Wenn manche das Wort »Furchtlosigkeit« hören, denken sie automatisch an das kompensierende Göttergeschenk an diejenigen, die beim Austeilen der Intelligenz zu kurz gekommen sind. Viele gehen bei der Beurteilung des Begriffes »Furchtlosigkeit« davon aus, dass diese nur dann gegeben sein kann, wenn die Fähigkeit zur Beurteilung der Lage fehlt.
> Natürlich gibt es diese Art furchtloser Persönlichkeiten. Sie ist ein Wesensmerkmal der vitalen und enthusiastischen Dilettanten, die bereit sind, mit größter Gelassenheit in jede Katastrophe hineinzuspringen.
> Es ist die Art von Furchtlosen, die besonders dann furchtlos sind, wenn andere die Folgen tragen.[8]

Es gibt den Optimismus des Naiven, der sagt: »Es wird schon alles gut gehen!«
Der Optimismus des Weisen lautet: »Ich werde alles tun, damit es nicht schlecht geht, und Gott für den Rest vertrauen!«

THE TRUTH ABOUT TROUBLE

Auch gesunde Denker und solide Optimisten geraten in Situationen, wo es eng wird, wo es scheint, der Weg gehe nicht mehr weiter, und wo Angst die Kraft zum Handeln raubt. Im Buch Hiob schreibt Elifas, einer der Freunde Hiobs:

> *Denn nicht aus dem Staub geht Unheil hervor, nicht aus dem Akkerboden sprosst die Mühsal, sondern der Mensch ist zur Mühsal geboren, wie Feuerfunken, die hochfliegen. (Hiob 5,6-7 Einheitsübersetzung)*

»Der Mensch ist zur Mühsal geboren«: Elifas meint damit, dass wir unsere Troubles selbst verschulden. Natürlich stimmt das oft, doch es gibt auch Krisen, die ohne unser Zutun auftreten.[9] Manchmal wird uns »der Boden unter den Füßen wegge-

8 Gross, Günter. *Beruflich Profi, privat Amateur?* Verlag Moderne Industrie, Landsberg/Lech, 1989, S. 282.

9 Elifas' Standpunkt ist eine Teilwahrheit. Der unbarmherzige Berater Hiobs zieht nicht in Betracht, dass viele Unglücksfälle Menschen treffen, die keineswegs schuldiger sind als andere Beteiligte, die dabei überleben. Vgl. Lukas 13,4.

zogen«, und plötzlich ist nichts mehr so, wie es vorher war. Egal, ob es sich um ein unerwartetes Ereignis oder um einen schleichenden Prozess handelt, in vielen Fällen sind wir nicht auf ein Debakel vorbereitet. Wenn »es« passiert, erleben wir uns hilflos und handlungsunfähig und entwickeln Versagensgefühle, weil wir meinen, wir hätten die Kontrolle verloren.

> Der Mensch in der Krise erlebt sich als »abgeschnitten« von der sonstigen Welt. Er erlebt eine Situation, die er möglicherweise intellektuell durchdringen, nicht aber emotionell bewältigen kann; von der tiefen Kränkung und Enttäuschung über den seelischen Schmerz bis hin zu suizidalen Gedanken kann das Ohnmachtsempfinden gehen. In der Krisensituation verhält sich der Mensch nicht wie gewohnt. Er neigt dazu, die Wirklichkeit verzerrt wahrzunehmen; seine Reaktionen sind oft unangemessen und für Außenstehende schwer verstehbar. Scheinbare Kleinigkeiten wirken mit einer ungeheuren Stärke auf die Lebensfreude negativ ein.[10]

Was lässt sich über unsere weniger dramatischen und mehr alltäglichen Krisen sagen? Entweder du hast gerade eine überstanden, du steckst momentan in einer oder du bist unterwegs in eine! Schwierigkeiten gehören zu unserem Alltag. Es ist ein Irrtum zu meinen, gelebtes Christentum bewahre vor Bedrängnis oder helfe automatisch aus jeder Patsche. Wir tun uns selbst und suchenden Menschen einen schlechten Dienst, wenn wir solche Behauptungen aufstellen. Die Bibel sagt niemals: »Komm zu Jesus und dann wird dein Leben rund laufen.« Im Gegenteil, manchmal tauchen Schwierigkeiten erst richtig auf, wenn jemand ehrlich mit sich selbst und mit Gott geworden ist.

10 Psychologie Heute, 8/1995, S. 20-21. »Ereignisbruch!« Knud Eike Buchmann.

Krisen im Multipack

Nur wenige Menschen haben in ihrem Leben so viele Nöte durchgestanden wie der Apostel Paulus. Er erinnert die Korinther an seine krisenreiche Laufbahn:

> *Unzählige Male hatte ich den Tod vor Augen. Fünfmal habe ich von den Juden die neununddreißig Schläge erhalten. Dreimal wurde ich von den Römern ausgepeitscht, und einmal hat man mich gesteinigt. Dreimal habe ich Schiffbruch erlitten; einmal trieb ich sogar einen Tag und eine ganze Nacht hilflos auf dem Meer. Auf meinen vielen Reisen bin ich immer wieder in Gefahr geraten durch Flüsse, die über die Ufer getreten waren, und durch Räuber, die mich ausrauben wollten. Gefahr drohte mir von meinem eigenen Volk ebenso wie von den Nichtjuden. In den Städten verfolgten sie mich. In der Wüste und auf dem Meer bangte ich um mein Leben. Und wie oft wollten mich falsche Brüder verraten!*
> *Mein Leben bestand aus Mühe und Plage, aus durchwachten Nächten, aus Hunger und Durst. Ich habe oft gefastet und war schutzlos der Kälte ausgesetzt. Aber das ist noch längst nicht alles. Tag für Tag bedrängt man mich und erwartet meinen Rat als Seelsorger. Dazu kommt die Sorge um alle Gemeinden. (2. Korinther 11,23b-28 Hoffnung für alle)*[11]

Und wir meinen, *wir* hätten Probleme! Unsere Tendenz ist es, beim geringsten Druck »Foul« zu schreien. Konflikte sind total unwillkommen. Die Welt, in der wir leben, vertritt den Standpunkt: Spannungen und Schwierigkeiten haben schädliche Wirkung und müssen um jeden Preis vermieden werden. Sicherheit und persönliches Wohlbefinden geht uns über alles. Die Bereitschaft, Krisen durchzustehen und Unangenehmes zu ertragen, wird unseren Kindern selten gelehrt und noch seltener vorgelebt, weil wir selbst kaum mehr belastbar sind.

11 Für den Uneingeweihten sieht es so aus, als ob der Apostel sich hier selbst bedauert und eine Jammerserenade loslässt, um Mitleid zu erheischen. Das ist weit gefehlt: Paulus verteidigt sich in 2. Korinther 11 gegen verleumderische Angriffe. Er hat für die gute Nachricht gelitten und sein Leben riskiert, was seine Feinde nie gewagt hätten. Manche seiner Erfahrungen sind im Buch der Apostelgeschichte erwähnt, siehe dort 14,19; 16,22-24; 21,30-33; 22,24-30.

Francis Schaeffer war einer der einflussreichsten christlichen Denker unserer Zeit. In seinem letzten Buch schrieb er sozusagen sein Vermächtnis:

> Wir leben heute in einer Gesellschaft, in der alle Dinge relativ sind und in der der letztgültige Wert in dem besteht, was das Individuum oder die Gesellschaft »glücklich« macht oder was einem gerade ein momentanes Wohlgefühl vermittelt. Nicht nur der hedonistische junge Mensch tut das, was ihm gerade gefällt, sondern die Gesellschaft als Ganzes verhält sich so. Dies hat viele Aspekte, einer davon besteht in dem Zusammenbruch jeglicher Stabilität innerhalb der Gesellschaft. Nichts steht fest, es gibt keine letztgültigen Normen; es zählt nur, was einen »glücklich« macht.[12]

Der große Kulturanalytiker spricht hier fast »prophetisch.« Auch als gläubige Leute werden wir zunehmend von der Glücklich-um-jeden-Preis-Ideologie vereinnahmt. Mein Wohlbefinden hat vor allen anderen Dingen *die* Top-Priorität. Was frühe Christen für ihren Glauben auf sich genommen haben, beeindruckt uns heute nicht mehr. Andere Zeiten, andere Sitten; all das ist so meilenweit von uns entfernt, dass es uns kalt lässt. Sollte es aber nicht, denn je eher wir lernen, aus unseren verführerischen Komfortzonen auszubrechen, desto eher werden wir in der Lage sein, Konflikte zu bewältigen, selbst dann, wenn sie im Multipack auftreten.

Vielleicht bist du geneigt zu sagen: »Das Thema betrifft mich nicht, ich habe keine existentiellen Krisen, mich erschüttert nicht so schnell etwas.« Möglicherweise ist das ein Armutszeugnis. Wer immer nur auf ruhiger See segelt, der hat sich vielleicht nie von der Küste weggewagt; und wer von nichts bewegt wird, in dem sitzt möglicherweise ein versteinertes Herz. Man prüfe sich also! Wie sagt doch der Apostel:

> *Prüft euch! Stellt selbst fest, ob euer Glaube noch lebendig ist! Oder ist bei euch nichts mehr davon zu merken, dass Jesus Christus unter euch lebt? (2. Korinther 13,5 Hoffnung für alle)*

12 Schaeffer, Francis. *Die große Anpassung.* Schulte & Gerth, Asslar, 1988, S. 82.

Paulus hat gemäß seiner Aussage in 2. Korinther 11 dreimal Schiffbruch erlitten.
Im Verlaufe seiner Missionsreisen unternahm er zahlreiche Trips auf dem Mittelmeer. Bedenke, wie beschwerlich und oft gefährlich solche Abenteuer damals waren. Tagelang zur See, ohne jeden Komfort, völlig abhängig von Wind und Wetter. Das waren alles andere als erholsame Kreuzfahrten. Im Buch der Apostelgeschichte wird ein Reiseerlebnis des Paulus geschildert, das sich ideal für eine Studie im Umgang mit Krisen eignet.

Fortissimo mit Folgen

Lukas war als Augenzeuge dabei, als Paulus von Cäsarea nach Rom verschifft wurde. Er berichtet:

> *Nachdem feststand, dass wir nach Italien segeln sollten, wurde Paulus mit einigen anderen Gefangenen dem Offizier Julius vom kaiserlichen Regiment übergeben. Wir gingen an Bord eines Schiffes, das aus Adramyttium kam und verschiedene kleinasiatische Häfen anlaufen sollte. Die Seereise begann. (Apostelgeschichte 27,1-2a Hoffnung für alle)* [13]

Die Mannschaft segelte von Cäsarea nach Sidon und von dort via Zypern nach Kreta. Dazwischen war viel Zeit vergangen. Es war bereits Anfang Oktober, und die Seefahrt begann wegen auftretender Stürme gefährlich zu werden:

> *Deshalb warnte Paulus: »Ihr Männer, wenn wir weitersegeln, sehe ich große Gefahren und Schwierigkeiten, und zwar nicht nur für das Schiff und seine Ladung, sondern auch für unser Leben.« (Apostelgeschichte 27,10 Hoffnung für alle)*

Doch der Kapitän und die Mannschaft wollten das nicht hören; sie waren ungeduldig und planten im Hafen von Phönix an

13 Adramyttium war ein Seehafen an der Nordwestküste der heutigen Türkei.

der Westspitze von Kreta zu überwintern. Ungeduld ist meistens ein schlechter Ratgeber. Das Schiff segelte dann auch prompt in einen Herbststurm mit katastrophalen Folgen.

Fixpunkte zum Navigieren

Im weiteren Verlauf der Geschichte sind drei Kriterien ersichtlich, wie Krisen sich entwickeln und wie sie sich bewältigen lassen. Drei Fragen, die wir direkt auf unsere eigenen Konflikte übertragen können, stehen im Mittelpunkt: 1. Was ist der Auslöser? 2. Was möchte Gott mir beibringen? 3. Wie soll ich darauf reagieren?

1. Was ist der Auslöser?

Die erste Frage ist die nach der Ursache: Warum befinde ich mich in dieser Schwierigkeit? Die Antwort kann ganz unterschiedlich sein. Für manche Krisen bin ich selbst verantwortlich, manche werden von anderen Menschen ausgelöst, wieder andere von Gott, und für bestimmte Komplikationen ist der Feind Gottes die Ursache. Im vorliegenden Fall ist das Urteil einfach: Ein falscher Rat wurde befolgt:

> *Doch der Offizier gab mehr auf das Urteil des Kapitäns, zumal auch der Besitzer des Schiffes zur Weiterfahrt riet. (Apostelgeschichte 27,11 Hoffnung für alle)*

Das ist ein klassisches Beispiel. Viele Krisen ließen sich vermeiden, wenn wir guten von schlechtem Rat unterscheiden würden. Hier gerieten 276 Mann in eine lebensbedrohliche Lage, weil sich einer auf ein falsches Urteil stützte.[14]
Wir haben das in der Gemeindearbeit oft erlebt: Leute wollen Rat, aber sie haben bereits entschieden, was sie tun werden,

[14] Siehe Apostelgeschichte 27,37.

und tun dann auch genau das, was sie sich vorgenommen hatten. Andere Menschen gehen ein bißchen schlauer vor: Sie fragen verschiedene Leute so lange um Rat, bis sie von jemandem das hören, was sie hören wollen. So etwas nennt man Selbstüberlistung.

> Der Mann am Rednerpult vor einer Gruppe von Trinkern war entschlossen, seiner Zuhörerschaft ein für allemal schlagend zu beweisen, dass der Alkohol das schlimmste aller Übel sei. Er hatte zwei Glasgefäße vor sich aufgebaut, die scheinbar beide die gleiche durchsichtige Flüssigkeit enthielten. In dem einen Glas sei klares Wasser, verkündete der Redner jedoch, im anderen reiner Alkohol. Darauf tauchte er einen kleinen Wurm in das erste Glas. Alle sahen zu, wie der Wurm alsbald zum Rand hinschwamm und seelenruhig daran hochkroch. Nun setzte der Mann den Wurm in das Gefäß mit Alkohol. Vor aller Augen zerfiel das Tier. »Also!«, sprach der Mann. »Was sehen wir daraus?« Von der Rückwand des Raumes her sagte eine Stimme ganz deutlich: »Völlig klar – trink Alkohol, und du kriegst bestimmt keine Würmer!« (Wayne W. Dyer)

Wir hören und nehmen oft nur das auf, was wir entsprechend unserer jeweiligen Vorurteile und unserer Überzeugungen *hören wollen.* Es ist einfach, Ratgeber zu finden, die uns das sagen, was uns passt. Aber solche Belehrungen sind meist wenig wert.[15] Unweise oder missachtete Ratschläge sind verantwortlich für viele Sackgassen, die vermeidbar wären.

> *Wer guten Rat verachtet, muss teuer dafür bezahlen; wer der Weisung folgt, wird belohnt. Die Worte eines erfahrenen Lehrers sind eine Quelle des Lebens; denn sie helfen, den Fallen des Todes zu entgehen. (Sprüche 13,13-14)*

Nicht nur falscher Rat, auch falsch beurteilte Umstände können Krisen auslösen. Nimm zur Kenntnis, wie Lukas die damalige Situation beschreibt:

15 Vgl. 2. Chronik 10,1-19.

Als Südwind aufkam, wurde die Schiffsbesatzung in ihrem Plan bestärkt. Sie lichteten die Anker und segelten dicht an der Küste Kretas entlang. (Apostelgeschichte 27,13 Hoffnung für alle)

Sie achteten auf den momentan günstigen Südwind, und der hat sie in ihrer vorgefassten, irrigen Meinung noch bestärkt. Wer Beweise will für eine bereits entschiedene Sache, wird sie immer finden. Christen sind anfällig für »Zeichen«, und die findet man da, wo man sie eben sucht.[16] Resultat: Ein selbst produziertes Dilemma.

Paulus war nicht der Auslöser der Krise; das Fehlurteil seiner Reisegefährten führte zum Schlamassel, und das machte die Situation für ihn noch problematischer.

Zu leiden, weil andere versagt haben, ist schwieriger, als wenn man selbst Mist gebaut hat. Das erste, was zu tun ist beim Umgang mit einer Krise: Feststellen, wo die Ursache liegt.

Zurück zur Geschichte: Der Verlauf der Ereignisse an Bord des Schiffes gibt Aufschluss über eine weitere Vorgehensweise im Umgang mit Krisen:

2. Was möchte Gott mir beibringen?

Doch schon bald schlug das Wetter um, und der gefürchtete Nordoststurm trieb das Schiff weit auf das offene Meer hinaus, nachdem die Mannschaft vergeblich versucht hatte, es auf dem eingeschlagenen Kurs zu halten. Wir trieben dahin, Wind und Wogen ausgeliefert. (Apostelgeschichte 27,14-15 Hoffnung für alle)

Der plötzliche Wettersturz von Südwind zu scharfem Nordostwind ist in jenen Breitengraden keine Seltenheit. Die Seeleute kannten diesen taifunähnlichen Wirbelsturm und nannten ihn »Eurakylon«[17]. Man muss bedenken, dass es damals keinen

16 Siehe Matthäus 12,38-40.

17 Siehe Elberfelder-Übersetzung. *Eurakylon* kommt vom griechischen *Euros* = Ostwind und dem lateinischen *Aquilo* = Nordwind. Der Name Eurakylon bezieht sich auf Turbulenzen, die ausgelöst werden, wenn entgegengesetzte Luftströmungen aufeinander prallen.

Sextanten, keinen Kompass, kein Radar und kein Echolot zum Navigieren gab. Bei Nullsicht bestand keine Orientierungsmöglichkeit. Die Lage war schlimm: das Heulen des Sturmes, die türmenden Wogen der See, das schlingernde Schiff, die Seekrankheit der Männer, die reale Gefahr, dass der Frachter auseinander brechen würde – und bei alledem bestand keine Möglichkeit, über Sprechfunk den Seenotdienst aufzubieten. Lukas berichtet:

> *Im Schutz der kleinen Insel Klauda versuchten wir, das Rettungsboot einzuholen. Es gelang nur mit Mühe. Um den Rumpf des Schiffes zu verstärken und zu sichern, banden die Seeleute dicke Taue um das Schiff. Außerdem warfen sie den Treibanker aus, weil sie befürchteten, sonst auf die Sandbänke vor der afrikanischen Küste zu geraten. (Apostelgeschichte 27,16-17 Hoffnung für alle)*

Lukas schreibt in der »Wir«-Form; er selbst hat vermutlich mit Hand angelegt, um das wassergefüllte Beiboot an Deck zu hieven. Maßnahmen zur Sicherung des Schiffes wurden ergriffen. Der Treibanker sollte vermeiden, dass der Kahn auf den Sandbänken der Großen Syrte strandete.[18]

Paulus und seine Freunde befanden sich mitten in einer lebensbedrohlichen Lage und hatten selbst davor gewarnt. Was ließ sich nun tun? Im Moment nur eines:

Ärmel hochkrempeln und sich nützlich machen. Sicher gab es auch Passagiere, die unter Deck kauerten, sich die Seele auskotzten und den Tag verfluchten, an dem sie an Bord gegangen waren. Nur half das jetzt wenig.

In einer solchen Krisensituation stellt sich die Frage: Was will Gott mir mit dieser Erfahrung zeigen? Ob selbst verschuldet oder nicht, Gott hat ein Ziel mit jedem Dilemma, in dem ich mich befinde. Jammern ist daher nicht die Lösung. An die Korinther schrieb Paulus diese Worte:

18 Diese Gefahr war real. Die Syrte vor der Nordküste Afrikas wurde als Friedhof der Seefahrt gefürchtet. Unterwasserausgrabungen haben in jüngster Zeit bestätigt, dass viele Schiffe an jenen Sandbänken aufgelaufen sind.

Was wir jetzt leiden müssen, dauert nicht lange und ist leicht zu ertragen, wenn wir bedenken, welch unendliche, unvorstellbare Herrlichkeit uns erwartet. Deshalb lassen wir uns von dem, was uns zur Zeit so sichtbar bedrängt, nicht ablenken ... (2. Korinther 4,17-18 a Hoffnung für alle)

Unsere momentanen Schwierigkeiten werden als »leicht zu ertragen« beschrieben. Was soll das heißen? Bagatellisiert der Apostel etwa echtes Leiden? Nein, denn er spricht ja aus eigener Leidenserfahrung, wie wir bereits festgestellt haben. Also, was ist gemeint mit den Worten »leicht zu ertragen?«

Wenn ich in einer Krise frage: »Was will Gott mir damit zeigen?«, lenke ich meine Aufmerksamkeit weg vom Momentanen und hin zum Zukünftigen; weg von passiver Angst, hin zur aktiven Teilnahme.[19] Unsere Troubles sollen uns nicht hilflos machen, denn Gott hat einen Plan mit jedem Problem. Egal, was die Ursache der Schwierigkeit ist: jeder Sturm ist eine Schule, jede Krise ist eine Ausbildung!

Vielleicht sagst du: »Auf diese Art von Ausbildung kann ich gut verzichten.« Stimmt, mir geht es oft ähnlich, aber wir dürfen nicht vergessen: Gott weiß mehr als wir! Er verwendet auch unangenehme Erfahrungen, um in uns Charakterreife zu erzeugen. Daher sollen wir uns von Krisen »nicht ablenken lassen.« Das Motto lautet: Nicht aufgeben, sondern nachgeben und belehrbar sein! Wenn wir uns bemühen, hinter jeder Krise die liebende Hand des Vaters zu sehen, der uns stärken möchte, dann erscheinen uns die Widerwärtigkeiten des Lebens plötzlich in einem ganz anderen Licht.[20]

19 Die Aussage in 2. Korinther 4,17-18 ist so wichtig, dass wir sie im nächsten Kapitel noch näher besprechen werden.

20 Angesichts von Enttäuschungen sollen wir Gott darum bitten, dass er uns zeigt, welche konkrete Lektion wir aus ihnen lernen sollen. Vgl. 2. Mose 15,22-27.

3. Wie soll ich darauf reagieren?

Es gibt Situationen, in denen wir uns schutzlos und ausgeliefert vorkommen.
Nicht immer verläuft eine Krise so glimpflich wie für jenen Engländer, der im Roten Meer gerettet wurde. Die israelische Zeitung »Jediot Achronot« berichtete:

> Eine Touristengruppe habe während einer Jachtfahrt im Roten Meer Delphine gesichtet. Drei Touristen seien ins Wasser gesprungen, um sich die Delphine aus der Nähe anzusehen. Zwei seien zum Schiff zurückgekehrt, während ein Engländer im Wasser geblieben sei. Plötzlich hätten sie Schreie gehört und einen Blutfleck gesehen, der sich auf dem Wasser ausbreitete, sagte der Kapitän des Bootes. Bevor ein Besatzungsmitglied der Jacht zu Hilfe kommen konnte, bildeten drei Delphine einen Ring um den Engländer und schlugen mit Schwänzen und Flossen, um den Mann mit ihrem Körper vor den Haien zu schützen.[21]

Die Wahrscheinlichkeit, von einem Haifisch angefallen zu werden, ist äußerst gering. In den Konflikten, mit denen wir uns im Alltag auseinandersetzen müssen, besteht meistens die Möglichkeit, konkret zu reagieren, und wir tun es auch. Die Frage ist nur: Wie?
In Apostelgeschichte 27 befand sich ein großes Cargoschiff mitten im Sturm. Was tat die Besatzung? Drei typische Reaktionsmuster zeigen sich; alle drei sind problematisch:

Mich treiben lassen?

> *Als aber das Schiff mit fortgerissen wurde und dem Wind nicht widerstehen konnte, gaben wir es preis und ließen uns treiben. (Apostelgeschichte 27,15 Elberfelder)*

In der Schifffahrt kann es nötig sein, ein Boot treiben zu lassen. Die See war so stürmisch, dass der Mannschaft gar keine an-

21 Neue Zürcher Zeitung, 26. 7. 1996, S. 18.

dere Wahl blieb. Aber bildlich gesprochen, leben viele Leute genauso: Sie driften! Wenn Schwierigkeiten auftauchen, lässt man sich einfach gehen, anstatt die Initiative zu ergreifen, Schritte zu unternehmen, eine Beratung aufzusuchen. Drifter gehen den Weg des geringsten Widerstandes. Das Problem ist nur: Wer sich treiben lässt, weiß nicht, wo er am Schluss landet.

Resignieren?

Der Sturm wurde so stark, dass die Besatzung am nächsten Tag einen Teil der Ladung über Bord warf, tags darauf sogar die Schiffsausrüstung. (Apostelgeschichte 27,18-19 Hoffnung für alle)

In ihrer Not wusste sich die Mannschaft nicht anders zu helfen, als Ladung, Hauptsegel, Takel- und Tauwerk und was sonst entbehrbar war, über Bord zu schmeißen. Das Schiff sollte leichter werden, um im Kampf mit den Wogen obenauf zu schwimmen. Auch da zeigt sich eine Parallele: Es gehört zum menschlichen Wesen, dass wir wichtige Dinge über Bord werfen, wenn wir uns in Bedrängnis befinden. Werte, die uns in guten Zeiten wichtig waren, lassen wir in Zeiten der Krise fahren. Grundsätze werden über den Haufen geworfen und Beziehungen gekappt. Wir resignieren!

Verzweifeln?

Alle ergriffenen Maßnahmen halfen nichts:

Tagelang zeigten sich weder Sonne noch Sterne am Himmel. Der Sturm ließ nicht nach, und so verloren wir am Ende jede Hoffnung auf Rettung. (Apostelgeschichte 27,20)

Es war ein höllischer Orkan; vierzehn Tage schlingerte das Schiff im adriatischen Meer, ohne dass das Toben des Sturmes nachgelassen hätte.[22] Zuletzt verlor die Mannschaft jede Hoff-

22 Paulus dachte in dieser Situation vielleicht an Psalm 107,23-30.

nung auf Rettung. Die Matrosen hatten aufgegeben. Aber Gott nicht! Er hatte einen Plan mit Paulus, und er intervenierte mitten in die hoffnungslose Situation hinein.
Wenn Driften, Resignieren und Verzweifeln falsche Reaktionsweisen sind, welches sind gesunde Alternativen?

Die Fehler bekennen!

Da sagte Paulus zu der Schiffsbesatzung: »Leute! Es wäre besser gewesen, ihr hättet auf mich gehört und in Kreta überwintert. Dann wären uns allen diese Ängste und Schwierigkeiten erspart geblieben. (Apostelgeschichte 27,21b Hoffnung für alle)

Auf dem Höhepunkt der Krise übernimmt Paulus das Kommando. Er erinnert die Mannschaft daran, dass er vor der drohenden Gefahr gewarnt hatte. Die entstandenen Ängste hätten vermieden werden können. Da stellt sich die Frage: Was nützten diese Vorwürfe nun angesichts der Tatsache, dass der Kutter jeden Moment sinken konnte? Wohl nicht viel. Hier zeigt sich auf sympathische Weise, dass auch der Apostel nur ein Mensch war. Er konnte der Versuchung nicht widerstehen, die, die seinen Rat missachteten, daran zu erinnern: »Ich hab's euch doch gesagt.«
Trotzdem macht seine Feststellung Sinn: Die Besatzung sollte ihren Fehler eingestehen, um mobilisiert zu werden, und darin liegt die Brücke zu uns: Wer sein Debakel selbst verursacht hat, handelt weise, wenn er dazu steht und Rat bejaht.[23] Schwierigkeiten werden nicht geklärt durch Verdrängen – ein ehrliches Bekenntnis steht immer am Anfang einer Lösung.

Sich dem Problem stellen!

»Wenn ihr überleben wollt, müsst ihr jetzt etwas essen! Und ihr dürft sicher sein: Euch wird nichts passieren. Keinem von euch wird auch nur ein Haar gekrümmt werden!« Nachdem Paulus das

23 Vgl. Sprüche 28,13.

gesagt hatte, nahm er ein Brot, dankte Gott laut und vernehmlich, so dass alle es hören konnten, und begann zu essen. Da fassten alle neuen Mut und aßen ebenfalls. Insgesamt waren zweihundertsechsundsiebzig Mann an Bord. Als alle gegessen hatten, warfen sie die restliche Ladung Getreide über Bord, damit das Schiff leichter wurde.
Bei Tagesanbruch wusste keiner der Seeleute, welche Küste vor ihnen lag. Sie entdeckten aber eine Bucht mit flachem Strand. Dahin wollten sie das Schiff treiben lassen. Sie kappten sämtliche Ankertaue, ließen die Anker im Meer zurück und machten die Steuerruder klar. Schließlich hissten sie das Vorsegel und hielten mit dem Wind auf das Land zu. Kurz darauf lief das Schiff auf eine Sandbank auf. Während der Bug fest eingerammt war, wurde das Heck des Schiffes von der Brandung zertrümmert. (Apostelgeschichte 27,34-41 Hoffnung für alle)

Statt einfach zu resignieren, sollte die gesamte Crew Nahrung zu sich nehmen. Wer nicht seekrank war, sollte essen. Der Apostel zeigt sich als praktisch denkender Mann. Er wusste: Im geschwächten Zustand fehlt den Leuten die Kraft zu handeln; also wird zuerst tüchtig gefuttert.[24] Das ist ein interessantes Detail: Wer sich am Tiefpunkt befindet, vernachlässigt oft den Körper. Genau das ist falsch. Im Stress der Krise ist es um so wichtiger, für die Bedürfnisse des Körpers zu sorgen.
Auch die weiteren Instruktionen des Paulus waren klar und deutlich: Ankertaue kappen, Vorsegel hissen und den Schlepper stranden lassen. Seine von Gott geschenkte Zuversicht übertrug sich auf alle andern. Statt weiter zu driften, wurde die Krise konfrontiert. Das Schiff strandete wohl, aber keiner verlor sein Leben.
Die Anwendung für uns: Probleme lösen sich nicht, indem sie ignoriert werden! Konflikte am Arbeitsplatz, in der Ehe, mit den Kindern, in der Gemeinde müssen angegangen werden. Nur so ist eine Klärung möglich.

24 Manche Christen vertreten die Idee, dass der Körper und seine Bedürfnisse keine Beachtung finden sollten. Paulus widerlegt solche Vorstellungen mit scharfen Worten in 1. Timotheus 4,1-4.

Der Verheißung vertrauen!

> *»Doch jetzt bitte ich euch eindringlich: Gebt nicht auf! Keiner von uns wird umkommen, nur das Schiff ist verloren! In der letzten Nacht stand neben mir ein Engel des Gottes, dem ich gehöre und dem ich diene. Er sagte: ›Fürchte dich nicht, Paulus. Du wirst vor den Kaiser gebracht werden. Gott hat deine Bitte erfüllt. Mit dir werden auch alle anderen am Leben bleiben. Nicht einer wird umkommen.‹ Deshalb habt keine Angst, Leute! Ich vertraue Gott. Es wird sich erfüllen, was er mir gesagt hat. Wir werden auf einer Insel stranden.« (Apostelgeschichte 27,22-26 Hoffnung für alle)*

Beachte: Das Schiff war verloren, aber nicht die Mannschaft. Das Leben jedes einzelnen wurde gerettet. In den Krisen, die uns befallen, haben wir wohl keine solch spezifischen Zusagen, wie sie dem Apostel Paulus gegeben wurden, und dennoch können wir uns auf Verheißungen berufen, die uns Gottes Gegenwart garantieren.[25]
Lukas beendet seinen Bericht mit einem dramatischen Höhepunkt:

> *Jetzt wollten die Soldaten alle Gefangen töten, um zu verhindern, dass einer von ihnen an Land schwimmt und entkommt. Doch der Hauptmann Julius hinderte sie daran, weil er Paulus retten wollte. Er befahl zunächst allen Schwimmern, über Bord zu springen und so das Ufer zu erreichen. Dann sollten die Nichtschwimmer versuchen, auf Brettern und Wrackteilen an Land zu kommen. Auf diese Weise konnten sich alle retten. (Apostelgeschichte 27,42-44 Hoffnung für alle)*

Stell dir die Szene vor: Schwimmend und an Planken geklammert schafften sie es ans Ufer. Erschöpft und völlig durchnässt schauten alle zu, wie das Schiff in der Brandung auseinanderkracht. Ein unvergessliches Erlebnis war überstanden.
Gibt es momentan Stürme in deinem Leben, die dich bedrohen? Befindest du dich mitten in der Brandung und Wellen schlagen über deinem Kopf zusammen?

[25] Siehe Matthäus 18,20; Johannes 14,26; Hebräer 13,6.

Sei zuversichtlich, du wirst es an die Küste schaffen, vielleicht nur auf einem »Wrackteil«, aber hab keine Angst, du *wirst* es schaffen. Lass dich nicht treiben, wirf dein Vertrauen nicht über Bord, verzweifle nicht! Gottes Hilfe ist verfügbar für alle, die sich helfen lassen.[26]

AUGEN AUF UND DURCH

Sucher:

Krisen können als Chance interpretiert werden, angesichts einer Bedrohung der »Normalität« den Kontakt zu Gott zu suchen. Das bewusste Verarbeiten der Verunsicherung, unter Miteinbeziehung seiner Hilfe öffnet neue Perspektiven. Viele Zeugnisse bestätigen, dass Menschen zu Gott gefunden haben durch den Einfluss einer lebensverändernden Krise. Frage an dich: Ist es nötig, dass dir, wie den Kartoffeln, die Augen erst im Dreck aufgehen?
Sei weise, lass dich auf den Weg führen zu dem, der von sich gesagt hat: »Ich allein bin die Tür. Wer durch mich zu meiner Herde kommt, der wird gerettet werden.« Überdenke diese Woche Johannes 10,1-10.

Insider:

Der Glaube schützt nicht vor Ängsten und Krisen. Die Story von Apostelgeschichte 27 zeigt das eindrücklich. Wir können nicht immer kontrollieren, was von außen auf uns einstürzt – aber wir können sehr wohl bestimmen, wie wir darauf reagieren. Natürlich ist es viel leichter, über Krisen zu reden als mitten in einer zu stehen und eine sinnvolle Lösung zu finden. Als Projekt für die Kleingruppe diskutiere diese Fragen:

26 Zur Vertiefung der Krisenthematik siehe: Müller, Harry. *Schwierigkeiten sind Möglichkeiten.* Hänssler, Neuhausen, 1992, S. 115-127.

- Welche Krise haftet auf dem Film deines Langzeitgedächtnisses? Was war geschehen? Wie hast du reagiert? Was hast du dabei gelernt?
- Lies 1. Könige 18-19 in einer Sitzung mit einem Stift in der Hand durch und unterstreiche im 19. Kapitel jene Verse, die mit dem Thema »Krise« in Zusammenhang stehen.
- 1. Könige 19,1-3: Was war der Auslöser der Krise des Propheten? Wie erklärst du dir, dass Elia sich vor Isebel so sehr fürchtete?
- 1. Könige 19,4 berichtet von einem törichten Gebet. Der Prophet betete mit einer heuchlerischen Einstellung. Hätte er wirklich sterben wollen, so hätte er nicht vor Isebel zu fliehen brauchen. Diskutiere über unehrliches Beten und was du über deine Krisengebete gelernt hast.
- 1. Könige 19,5-9: Wir leben in einer Dampftopfgesellschaft. Manche Krisen haben ihre Ursache schlicht und einfach in einem unvernünftigen Lebensstil. Was lässt sich aus den Versen 5-9 im Blick auf Schwierigkeiten und unsere Gesundheit ableiten?
- 1. Könige 19,10-18: Diskutiere über Selbstmitleid und Selbsttäuschung im Umgang mit Konfliktsituationen, vgl. Vers 10. Es lohnt sich, nachzudenken über die Art und Weise, wie Gott Elia gegenübertritt in seinem Dilemma. Welche Anwendung siehst du für dich selbst?

6. Angst vor Leid

Matthäus 5,4

Ihre Liebe zum Leben lässt es Ihnen wichtig erscheinen, dasselbe nicht zu verlieren. Die Angst vor dem Tod ist Ihre größte Last, und da Sie eine makabre Phantasie haben, ist Ihnen jeder kleine Stich, jeder Fleck ein sicheres Zeichen dafür, dass der Herr mit Stundenglas und Hippe direkt hinter Ihnen steht. Sie haben weder Religion noch Glauben, an denen Sie sich festhalten könnten. Das Bedürfnis danach haben Sie schon mit zwölf Jahren wegrationalisiert, als Sie herausfanden, dass Ihnen bei der Aussicht, in die Kirche zu gehen, der Hintern vor Langeweile zu jucken anfing. Ihr Arzt hat Ihren Anblick und Ihr Gejammer wahrscheinlich längst satt.
Eines Ihrer Probleme dürfte das Dilemma mit der Bewegung sein. Leben oder Joggen? Als ich meinen Arzt fragte, ob er fände, dass ich ein bisschen Lauftraining machen sollte, antwortete er, in meinem Alter wäre das so, als würde ich mir einen Revolver an die Schläfe setzen. Ich hatte natürlich nicht vor, auch nur einen halben Meter zu joggen, und es war sehr beruhigend, dies von einem echten Doktor der Medizin bestätigt zu bekommen.
Der einzige Weg, die Hypochondrie zu besiegen und unnötige Arztbesuche zu vermeiden, ist der, dass Sie sich mindestens zweimal im Jahr gründlich durchchecken lassen, was Ihnen, falls Sie für gesund befunden werden, für die nächsten drei, vier Wochen eine Art Garantie gibt, gesund zu sein. Allerdings kommt der plötzliche Herztod meistens wirklich sehr plö...

War nur ein Scherz.[1]

Gray Jolliffe ist ein Witzbold; seine Scherze sind manchmal jedoch ziemlich makaber. Wenn eine Krankheit oder ein Unfall unser Leben plötzlich durcheinander bringt, ist uns nicht zum

1 Jolliffe, Gray. *Kleines Handbuch für faule Menschen.* Deutscher Taschenbuch Verlag, München, 1996, S. 39-40.

Spaßen zumute, da ist Humor wenig angebracht. Keiner findet es lustig, mit Kreuzwegen konfrontiert zu werden.[2]
Wir tasten uns an ein Thema heran, das ich eigentlich lieber ausgelassen hätte. Mir ist nur zu deutlich bewusst, dass jeder, der über menschliches Leid redet, an seinen eigenen Worten gemessen wird. Mir macht es Angst, andere über die »Angst vor Leid« zu belehren, weil ich mich selbst gut genug kenne und weiß, wie niedrig meine Toleranzschwelle liegt, wenn es darum geht, den Gerbstoff des Lebens zu kosten. So ist dieses Kapitel für mich ein Auftrag in eigener Sache.[3]
Schicksalsschläge, schwere Erkrankungen, unerwarteter Verlust und Ähnliches können jederzeit den glatten Lauf der Dinge in unserem Alltag unterbrechen. Zwar werden wir ständig zu Zeugen solch einschneidender Ereignisse – im Fernsehen, im Straßenverkehr, in den Spitälern – doch wenn es uns selbst trifft, sind wir auf solche »Unterbrüche« nicht vorbereitet. Häufig leiden wir seelisch und auch körperlich lange an den Folgen.[4] Unsere Erziehung und das gesamte wohlbehütete Umfeld schirmen uns sorgfältig ab gegen die rauhen Erfahrungen. Nüchtern betrachtet, leben wir alle mit vielen realitätsausblendenden Illusionen. Ein Psychologe schreibt:

> Der moderne Mensch ist nicht darauf vorbereitet, mit dem Scheußlichen, dem Katastrophalen, dem Krisenhaften umzugehen. Seine geringe Erfahrung mit Leid lässt ihn ekelgierig zuschauen, wenn andere in Krisen geraten oder ihnen Schreckliches zustößt. Wer etwas miterlebt hat – aber bitte nur als Zuschauer – ist für seine Mitmenschen tagelang interessant. Wer selbst Opfer wird, ist auf sich alleine gestellt. Durch die Erfahrungslosigkeit und durch das »Ansehen« traumatischer Prozesse in Film und Fernsehen wird eine »Zu-

2 Dazu gehören auch die anderen großen Lebensrisiken wie Alter, Invalidität, Arbeitslosigkeit, Obdachlosigkeit und Armut.

3 Wie unvorbereitet Leid über einen hereinbrechen kann, wurde mir mit aller Wucht deutlich während der Bearbeitung dieses Themas, als mein Nachbar benachrichtigt wurde, dass seine Frau mitsamt ihrem jüngsten Kind während der Ferien in Spanien tödlich verunglückt sei.

4 Posttraumatischer Stress belastet das Leben oft auf Jahre hinaus. Schreckliche Bilder können nicht mehr gelöscht oder ertragen werden.

> schauermentalität« förmlich herangebildet. Der Verunglückte oder der in ein traumatisches Ereignis Verwickelte wird sozusagen ein »Zuschauer« seiner selbst.
> Erschwerend hinzu kommt eine unterschwellige, aber sehr langfristig wirkende »Erziehung« zur Verantwortungsdelegation in unserer Gesellschaft. Man hat gelernt, nicht selber aktiv Hilfe zu leisten, sondern Rettungsdienste oder Hilfsorganisationen damit zu beauftragen. Auf Notfälle oder Krisenzeiten ist der moderne Mensch nicht vorbereitet und nur selten dafür ausgebildet.[5]

Selbst wenn wir mehr Erfahrung und Ausbildung hätten, die Angst vor leidvollen Erfahrungen bliebe uns wohl erhalten und wir würden wahrscheinlich auch dann noch an manchen Illusionen festhalten, weil sie uns ganz einfach das Überleben in einer oft schrecklichen Welt erleichtern.

Der Biss der Schlange

Wie kommt es, dass ein vollkommener Gott eine derart unvollkommene Schöpfung geschaffen hat? Eine, in der unschuldige Menschen leiden; eine, in der die Bosheit triumphiert und in der Dinge geschehen, die schwer zu ertragen sind.[6] Warum das alles? Eine befriedigende Antwort könnte uns helfen, das Schwere mit mehr Geduld und weniger Auflehnung zu tragen. Die Schöpfung wurde ursprünglich nicht so geschaffen, sie ist so geworden! Die Bibel beschreibt die Welt als eine gefallene Welt, als Welt, die ihre einstige Vollkommenheit verloren hat. Im Buch der Genesis wird erklärt, dass der Garten von Eden ein Ort der Bewährung war.

5 Psychologie Heute, 8/1995, S. 22, »Ereignisbruch. Nichts wird wieder so sein, wie es vorher war.« Knud Eike Buchmann.

6 Nichts erschüttert unseren Glauben an einen gerechten Gott so stark wie der Anblick von sinnlosem Leid – ein unschuldiges Kind, das an einer heimtückischen Krankheit stirbt; eine junge Mutter, die zum Krüppel wird. Nach allen plausiblen Erklärungen zum menschlichen Leid bleiben immer unbeantwortete Fragen. Allwissenheit ist Gottes Vorrecht, nicht unseres, siehe 1. Korinther 13,12.

> *Als Gott, der HERR, den Mensch so genommen und in den Garten Eden gesetzt hatte, dass er ihn bebaue und bewahre, gebot er ihm: »Von allen Bäumen des Gartens darfst du essen, nur von dem Baum der Erkenntnis von Gut und Böse darfst du nicht essen. Denn sobald du davon isst, musst du des Todes sterben. (1. Mose 2,15-17 Bruns)*

Die erste aufgezeichnete Kommunikation zwischen Gott und dem Menschen befasst sich mit dem Thema Tod. Man kann diesen Bericht als Sonntagsschulgeschichte für kleine Kinder abtun oder als Legende, die nicht wörtlich zu nehmen ist – Tatsache bleibt, dass wir heute noch mit den Konsequenzen von damals leben: »Du musst des Todes sterben«, das steht als absolute Unausweichlichkeit fest.

Der Mensch ist dadurch Mensch, dass er in die Entscheidung gestellt wird. Die Tiere haben Triebe, uns wurde ein »freier« Wille gegeben; wir können ja oder nein sagen.[7] Darin liegt die Würde des Menschen und gleichzeitig auch seine Versuchung und seine Gefahr.

Der Versucher tritt auf die Bühne in Form einer Schlange. Sie wird im Neuen Testament als »Satan« identifiziert.[8] Dass der Versucher als Schlange daherkommt, zeigt, dass Versuchung sich tarnt. Der Text bemüht sich nicht, den Ursprung des Bösen in der Schlange oder das Wesen der Schlange zu erklären. Das ist und bleibt ein Geheimnis. Viel wichtiger ist, was die Schlange sagt:

> *»Glaubt doch das nicht«, sagte die Schlange, »auf keinen Fall werdet ihr sterben! Aber Gott weiß: Sobald ihr davon esst, werden euch die Augen aufgehen, und ihr werdet alles wissen, genau wie Gott. Dann werdet ihr euer Leben selbst in die Hand nehmen können.« (1. Mose 3,4-5)*

Der Versucher war listig: Gottes Wort und seine Warnung wurde zuerst hinterfragt und bezweifelt, dann schamlos ge-

7 Über das Ausmaß des »freien Willens« wurde viel diskutiert. Die Lehre der Vorherbestimmung scheint dem freien Willen zu widersprechen. Die Bibel lehrt jedoch eindeutig, dass auch der gefallene Mensch die Freiheit der Wahl besitzt. Vgl. Matthäus 23,37; Johannes 7,17; Römer 7,18; 1. Korinther 9,17; 1. Petrus 5,2; Philemon 14.

8 Siehe Offenbarung 12,9.

leugnet.[9] Der Prototyp Mensch wurde einer moralischen Prüfung unterzogen. Es war ein fairer Test. Ihm wurde unter optimalen Bedingungen das Maximum erlaubt und das Minimum verweigert, und doch hat er versagt. Er ließ sich vom getarnten Versucher verführen. Der Rest der Story ist bekannt.
Was Karl Barth eine »unmögliche Möglichkeit« genannt hat, war eingetreten. Der erste Mensch hat sich trotz optimaler Voraussetzungen dem einen, unmissverständlichen Gebot Gottes widersetzt. Die Folgen waren voraussehbar und verheerend:

- **Historisch:** Die Trennung von der Gemeinschaft mit Gott = Verurteilung
- **Psychologisch:** Die Trennung des Menschen von sich selbst = Entfremdung
- **Medizinisch:** Die Trennung von der Gesundheit = Erkrankung
- **Soziologisch:** Die Trennung von den Mitmenschen = Isolierung
- **Ökologisch:** Die Trennung von der Natur, der Mensch wird zum Ausbeuter = Zerstörung

Zwischen dem Ungehorsam des Menschen und dem Zustand des Leidens besteht also ein direkter Zusammenhang. Gott hat den Planeten Erde vollkommen geschaffen, aber dann wurde durch die Entscheidung von Adam und Eva eine unabsehbare Kettenreaktion der Verwüstung ausgelöst: Krankheit, Schmerz, Leid und Tod sind die bleibenden Spuren des Zerfalls.
Uns scheinen diese Konsequenzen des Ungehorsams extrem; aber wir dürfen nicht vergessen, dass die Sünde der ersten Menschen zur Folge hatte, dass jeder Mensch, der nach ihnen geboren wurde, als Homo defectus eine degenerierte Natur in sich trägt. Fast am anderen Ende der Bibel greift Paulus diesen Gedanken wieder auf, wenn er im Römerbrief schreibt:

> *Durch einen einzigen Menschen, durch Adam, ist die Sünde in die Welt gekommen und als Folge davon der Tod. Weil nun alle Menschen gesündigt haben, sind sie alle dem Tod ausgeliefert. (Römer 5,12 Hoffnung für alle)*

9 Vgl. 1. Mose 3,1.

Wie können wir schuldig erklärt werden für etwas, was Adam vor Tausenden von Jahren getan hat? Es scheint uns unfair, dass wir durch den Ungehorsam jenes einen so mit verurteilt werden. Doch wir vergessen, dass wir tagtäglich unsere Solidarität mit Adam bestätigen, indem wir gegen Gottes Gebote verstoßen und unseren freien Willen missbrauchen, ohne dazu gezwungen zu werden.[10] Was wir brauchen, ist nicht Gerechtigkeit, sondern Barmherzigkeit, und die erweist uns Gott durch Jesus Christus:

> *Es steht also fest: Durch die Sünde eines Menschen – Adam – sind alle Menschen in Tod und Verderben geraten. Aber durch die Erlösungstat eines Menschen – Christus – haben alle die Chance zu einem neuen Leben mit Gott. (Römer 5,18 Hoffnung für alle)*[11]

Vielleicht haderst du dennoch weiter mit der Frage, warum Gott dem Menschen eine Wahl mit so schrecklichen Folgen erlaubt hat? Unsere Zweifel werden in die richtige Perspektive gerückt, wenn wir bedenken, dass Gott seine eigene bittere Medizin geschluckt hat. Paul Tournier bringt das auf den Punkt, wenn er sagt:

> Wissen Sie, dass das Christentum die einzige Religion mit einem leidenden Gott ist? Alle Religionen haben Gott auf eine möglichst liebenswürdige und erhabene Weise darstellen wollen: einen in den Himmel erhobenen Gott, einen Gott der Gesundheit, wenn ich so sagen darf. Das Christentum stürzt alles um; denn es zeigt uns einen leidenden Gott, der mit jedem Kranken leidet, der jeden Kranken in seinem Leiden begleitet, der wegen des Leidens jedes Kranken auch leidet. Das ist die große christliche Botschaft für die Kranken: Gott leidet wegen Ihrer Krankheit. Jene, welche sagen: »Ich kann nicht an Gott glauben, wenn ich all das Schreckliche in der Welt sehe«, verkennen, dass Gott selbst es ist, der besser als

10 Siehe dazu Müller, Harry, *Fahrplan für Gewinner,* Hänssler, Neuhausen, 1997.

11 Der erste Adam brachte die Zerstörung, der letzte Adam, Christus, brachte die Versöhnung. Gott hat in seiner Gerechtigkeit, bildlich gesprochen, ein Gegenmittel für den tödlichen Biss der Schlange bereitgestellt. Vgl. Römer 5, 13-17

> wir all das Schreckliche sieht und der an allem Bösen und an allen Leiden der Menschen selbst leidet. Mit Jesus ist es nicht nur der Gott, der wegen des Leidens der anderen leidet, sondern es ist der Gott, der selbst leidet. Jesus am Kreuz, das ist Jesus, der ein Leiden auf sich nimmt, das er nicht verdient hat ...[13]

Wie unverständlich und beängstigend unsere Schmerzerfahrungen sein mögen, so viel steht fest: Gott ist kein Sadist! Selbst da, wo wir uns gegen sinnloses Leiden auflehnen, ist er mehr als nur »mitleidig« beteiligt.

MIT VERLUST LEBEN?

Leiden wird erst wesentlich, wenn es uns persönlich betrifft. Dr. Hans Kuhn, Arzt für Allgemeine Medizin FMH aus Bubikon in der Schweiz, berichtete anlässlich eines Treffens der Internationalen Vereinigung Christlicher Geschäftsleute aus seinem persönlichen Leben:

> Es braucht schon eine große Betroffenheit, bis man bereit ist, über so persönliche Dinge öffentlich zu sprechen. Ich hätte nie gedacht, dass ich dazu den Mut aufbringen würde.
> Als ich vor Jahren an einem Missionsspital in Angola arbeitete, ist es ein- oder zweimal vorgekommen, dass Afrikaner an der Haustür erschienen, um uns Steine – wie sie es nannten – verbotenerweise zu verkaufen. Die unscheinbaren »Steine« waren in Wirklichkeit Rohdiamanten, die in den Minen gestohlen worden waren. Wir alle wissen, dass ein solcher Rohdiamant erst durch den Schleifprozess das Licht reflektieren und brechen kann und erst dann zum kostbaren, funkelnden Brillanten wird.
> Dieses Abgeschliffenwerden scheint mir sinnbildlich für den schmerzhaften Prozess, den ich und meine Familie durchlebten, um für Gott brauchbar zu werden, auf dass in uns und durch uns sein Licht, seine Liebe sichtbar werde. Von diesem Erleben unserer Familie, das sehr an unseren Kanten und Unebenheiten geschliffen hat und uns nicht mehr die gleichen

13 Tournier, Paul. *Antwort, die das Leben gibt.* Herder, Freiburg im Breisgau, 1987, S. 239-240.

sein lässt wie vorher – nicht als Einzelne, nicht als Ehepaar und nicht als Familie –, möchte ich berichten.

Vor etwas mehr als einem Jahr stellte ich beim ältesten unserer vier Kinder mit Hilfe eines Röntgenbildes in meiner Praxis einen großen Tumor fest zwischen beiden Lungen. Er stellte sich als bösartig heraus, und wir erlebten in der Folge Macht und Ohnmacht der medizinischen Diagnostik und Therapie. In Matthäus 7,7-11 stehen Worte, die uns alsdann sehr beschäftigt haben: »Bittet, so wird euch gegeben werden, suchet, so werdet ihr finden, klopfet an, so wird euch aufgetan werden! Denn jeder, der bittet, empfängt, und wer sucht, der findet, und wer anklopft, dem wird aufgetan werden! Oder welcher Mensch ist unter euch, der seinem Sohn, wenn er ihn um ein Brot bittet, ihm eine Schlange gäbe? Wenn ihr, die ihr böse seid, euren Kindern gute Gaben zu geben wisst, wie viel mehr wird euer Vater in den Himmeln denen Gutes geben, die ihn bitten!« Wer die Bibel kennt, findet viele ähnliche Stellen und zahlreiche Beispiele von Heilungen als Zeichen des anbrechenden Gottesreiches.

Vor drei Monaten ist unser Sohn 18-jährig gestorben im Glauben an den, der ihm schon vor dem Ausbruch der Krankheit als Erretter begegnet ist. Und nun steht der 11. Vers immer noch unverändert da: »Wenn nun ihr, die ihr böse seid, euren Kindern gute Gaben zu geben wisst, wie viel mehr wird euer Vater in den Himmeln denen Gutes geben, die ihn bitten!« Hier kommt eine gewisse Zwangsläufigkeit zum Ausdruck: So sicher, wie ihr böse seid, so sicher ist Gott gut und gibt denen Gutes, die ihn lieben und bitten. Beim letzten Zubettgehen zu Hause, zwei Tage vor seinem Tod, bat uns unser Sohn, ihm das 8. Kapitel des Römerbriefes vorzulesen, ein Kapitel voller herrlicher Zusagen. Hier steht auch der bekannte 28. Vers, der besagt, dass, Liebe zu Gott vorausgesetzt, alles, einfach alles uns zum Guten mitwirken muss.

In dieser schweren Prüfung hat Gott gute Gaben in unser Leben geschenkt. Wir lernten unterscheiden zwischen Dringlichem und Wichtigem. Trotz aller zusätzlichen Belastungen während der langen Krankheitszeit hatten wir Zeit zum Frühaufstehen, zum Lob Gottes, zum Singen und vor allem zum uns Vertiefen im Wort Gottes. Uns wurde unter Schmerzen bewusst, dass nichts selbstverständlich ist, dass alles Geschenk ist: das Hierstehen, das Sprechen, das Hören, das Sehen. Wir wurden gewahr, dass der menschliche Organismus ein unvorstellbares Wunderwerk ist, an dem nichts zufällig ist. Hat nicht Gott das größte Unglück, das auf Erden jemals passiert ist, den Tod seines Sohnes am Kreuz, für uns zur Herr-

> lichkeit werden lassen? Und das einfach, weil Er uns lieb hat und weil Er denen, die Er liebt, nur gute Gaben gibt!
> Im Rückblick müssen wir erkennen, dass wir wohl zu einseitig und zu sehr das diesseitige Leben für uns als »gut« betrachtet und nur Heilung erhofft haben und zu wenig bereit waren, Gottes Souveränität zu respektieren und offen zu sein für die Möglichkeit, dass Gott nicht heilt. Jetzt sehen wir viel deutlicher als vorher, dass wir der Ton sind und Gott der Töpfer, von dem Jeremia sagt: »Ich weiß, was für Gedanken ich über euch hege, Gedanken zum Heil und nicht zum Unheil, euch eine Zukunft und Hoffnung zu gewähren.« (Jeremia 29,11)
> In diesem Bewusstsein haben wir unser Kind, das wir von Ihm empfangen haben, Ihm zurückgegeben. Das ist unser Trost.[13]

Gibt Gott »denen, die er liebt, nur gute Gaben?« Offensichtlich nicht! Darin liegt ja gerade das Problem des Leidens. Die »normalen« Herausforderungen des Lebens können wir bewältigen; es sind die schmerzlichen Überraschungen, die uns plagen, die bösen Ereignisse, die auch Gottes Kindern widerfahren. Manchmal müssen wir Schlachten kämpfen in einem Krieg, den wir nie erklärt haben. Wir tragen Bürden aus Gründen, die wir nicht verstehen. Uns ist wohl klar, dass die Pleite im Paradies letztlich für die Existenz des Todes verantwortlich ist, aber macht diese Einsicht unseren Verlust wirklich erträglicher?

Das jenseitige Ufer

Ein findiger Professor hat die Risiken ausgerechnet, woran wir sterben können. John Paling, ehemaliger Hochschullehrer für Biologie in Oxford, postuliert folgende Wahrscheinlichkeiten:

- 1 zu 30 Millionen, dass wir von einem abstürzenden Flugzeug erschlagen werden.
- 1 zu 8000, sich an einer Toilettenbrille zu verletzen.
- 1 zu 800 000, in der Badewanne zu ertrinken.
- 1 zu 4 Millionen, von einem Blitz erschlagen zu werden.

13 Geschäftsmann und Christ, Oktober 1987, S. 19-20. »Ja zur Souveränität Gottes«, Erlebnisbericht, gehalten am Jahreskongress der IVCG 1987.

- 1 zu 8 Millionen, an Krebs zu sterben wegen wöchentlich eines Steaks vom Grill.
- 1 zu 8000, wegen eines Straßenunfalls zu sterben.
- 1 zu 4000, an Krebs zu sterben.[14]

Die Chancen, überhaupt zu sterben, liegen – das ist statistisch sicher – bei 1:1. Wenn man darüber nüchtern nachdenkt und Gott aus dem Spiel lässt, beschleicht einen das Gefühl der Sinnlosigkeit. Ein biblischer Autor hat das treffend beschrieben:

> *Der Gebildete muss doch genauso sterben wie der Ungebildete. Und man erinnert sich an den einen nicht länger als an den anderen. Wie bald sind beide vergessen! Da war mir das ganze Leben verleidet. Man kann tun, was man will auf dieser Erde – es ist doch alles sinnlos und führt zu nichts. (Kohelet 2,16-17)*

Der Tod ist der große, letztendliche »Gleichschalter« aller Menschen. Salomo erkannte, dass Bildung, Reichtum und Fitness sehr wenig bedeuten nach dem Tod und dass jeder Mensch sterben muss. Aus der rein irdischen Perspektive könnte man sagen: Wenn ich zuletzt sowieso alle Karten in meiner Hand verliere, dann ist es doch egal, wie ich spiele? Salomo kam zu dem logischen Schluss: »Es ist alles sinnlos und führt zu nichts.« Brutale Tatsache: Jeder Mensch baut seine eigenen kleinen Pyramiden, aber der Tod verwandelt alle unsere Denkmäler in Sanddünen. So gesehen sind unsere Errungenschaften und Besitztümer, auf die wir so stolz sind, nicht mehr als ein Hauch.[15] Später macht Salomo jedoch deutlich, dass Gott uns, trotz aller Vergänglichkeit, »die Ewigkeit ins Herz gelegt hat«:

> *Dem Menschen hat er ein Bewusstsein von der Unendlichkeit der Zeit gegeben, aber von dem, was Gott in dieser unendlichen Zeit tut, kann der einzelne Mensch nur ein winziges Stück erkennen. (Kohelet 3,11b)*

14 Blick, 4. Juni 1996, S. 30. »So gefährlich ist das Leben!«
15 Vgl. Kohelet 1,14.

Vieles, was den Tod und das Leben danach betrifft, wird für uns auf dieser Seite der Geschichte immer schleierhaft bleiben, aber Gott hat sich in Christus genügend offenbart, dass wir ihm auch für das Unverständliche vertrauen können.

Die gepanzerte Seele

In der Bergpredigt machte Christus eine paradox erscheinende Aussage:

> *Glücklich sind die Traurigen, denn Gott wird sie trösten. (Matthäus 5,4 Hoffnung für alle)*

Auf den ersten Blick sieht das aus wie ein Widerspruch: Glücklich sind die Unglücklichen? Fröhlich sind die Leidenden? Wie ist das zu verstehen?
Christus sagt nicht, dass mit allem Leid Segen verbunden ist oder dass hinter jedem Schmerz ein Sinn steckt. Es gibt in dieser Welt eine Unmenge sinnloses Leiden, das wissen wir nur zu gut. »Glücklich sind die Traurigen« – heißt das, dass Christen deprimiert sein sollen, dass der Freudlose der Geistliche ist? Sollen wir, um glücklich zu werden, unsere Trübsal multiplizieren? Das wäre Unsinn. Christus kam, um uns Linderung zu verschaffen.
Das Glücklichsein in Matthäus 5,4 ist nicht begründet in der Trauer, sondern im Trost, den Gott gibt. Was dieser Vers wirklich aussagt, ist sehr tief: Es ist okay zu trauern! Es ist nichts Falsches daran, Leid zu tragen und es auch auszudrücken. Glücklich und gesund sind die Menschen, die wissen, wie man seine Gefühle zeigt.[16]
Unsere Gesellschaft lehrt ja genau das Gegenteil: Tränen sind ein Zeichen der Schwäche; verdränge deine Gefühle, tue so,

16 Die Frage stellt sich, worüber denn eigentlich getrauert wird: über den Tod, die Sünde, die Verfolgung, die Bosheit? Das Objekt der Trauer ist weniger wichtig als die Tatsache, dass der Trauernde getröstet wird und sich in Gottes Hand befindet.

als hättest du alles im Griff, als ob dich nichts plagt! »Glücklich ist derjenige mit einer Haut so dick wie ein Nilpferd.« Wenn jemand weint, so ist uns das peinlich und wir wissen nicht, wie wir damit umgehen sollen. Uns ist es am liebsten, wenn der andere so schnell wie möglich damit aufhört. Warum eigentlich? Die Psychologen lehren doch, wie schädlich verdrängte oder verleugnete Emotionen sind. Matthäus 5,4 gibt uns die Freiheit, gottgegebene Gefühle ohne Scham zu äußern!

Lernen unter Leidensdruck

> Niemand hat mir je gesagt, dass das Gefühl der Trauer so sehr dem Gefühl der Angst gleicht. Ich fürchte mich nicht, aber die Empfindung gleicht der Furcht. Das gleiche Flattern im Magen, die gleiche Unrast. Ich muss die ganze Zeit schlucken. Zu anderen Zeiten habe ich das Gefühl leichter Benommenheit. Zwischen mir und der Welt steht eine unsichtbare Wand. Es fällt mir schwer zu verstehen, was die Leute sagen; oder vielleicht, es verstehen zu wollen. Es ist so belanglos. Und doch will ich Menschen um mich haben. Ich scheue den Augenblick, wo das Haus leer ist.[17]

C. S. Lewis beschreibt mit diesen Worten seinen Gemütshorizont nach dem Tod seiner Frau. Es ist ergreifend zu lesen, wie er, der mit messerscharfem Verstand über das menschliche Leid geschrieben hat, selbst damit umging, als es ihn traf. Mit schonungsloser Ehrlichkeit stellt er fest, dass sein Haus mit einem Schlag zusammengebrochen ist, weil es ein Kartenhaus war. Seinen Glauben schildert er als »Glauben der Fantasie«, der mit harmlosen Jetons gespielt hat, die mit »Krankheit«, »Schmerz«, »Tod« und »Einsamkeit« beschriftet waren.

> Ich vermeinte dem Seil zu trauen, bis es darauf ankam, ob es mich tragen würde. Jetzt kommt es darauf an, und ich stelle fest: ich habe ihm nicht getraut.[18]

17 Lewis, C. S. *Über die Trauer.* Benziger, Zürich, 1982, S. 5.
18 Lewis, C. S. *Über die Trauer,* S. 37.

Es ist nicht das Gleiche, ob Leid andere oder einen selber trifft und ob man in der Phantasie darüber nachdenkt oder in der Wirklichkeit damit lebt. Lewis hat das sehr wohl erkannt. Die Frage stellt sich nun: Wenn Christus sagt: *Glücklich sind die Traurigen, denn Gott wird sie trösten* (Matthäus 5,4 Hoffnung für alle), welche Art von Trost dürfen wir da erwarten? Was offeriert Gott konkret an Hilfe? Wie wird ein zerbrochenes Herz an stille Wasser geführt? Drei Aspekte sind zu überdenken:

1. Nicht unterdrücken, sondern ausdrücken

> *Wie ein Hirsch nach frischem Wasser lechzt, so sehne ich mich nach dir, o Gott! Ja, ich dürste nach Gott, nach dem lebendigen Gott. Wann darf ich in seinen Tempel kommen? Wann darf ich ihn anbeten? Tag und Nacht weine ich, Tränen sind meine einzige Speise … (Psalm 42,2-4 a Hoffnung für alle)*

Was war das Leid des Psalmisten? Zusammen mit anderen Israeliten war er aus Jerusalem ins Exil verschleppt worden. In einem fremden Land, umgeben von fremden Gebräuchen, fremden Menschen und fremden Göttern, fühlte er sich einsam und verlassen.

Ein Hirsch, der nach Wasser lechzt, dient als Bild, um die Abhängigkeit von Gott auszudrücken.[19] Der Durst nach seiner Gegenwart wird oft erst in Zeiten der Bedrängnis akut. Wenn das eintritt, was wir immer schon befürchtet haben, sehnen wir uns nach der Anwesenheit des Trösters.

Beachte den letzten Satz des zitierten Psalms: *»Tag und Nacht weine ich, Tränen sind meine einzige Speise …«*

So groß war die innere Not des Psalmisten, dass er Gott seine Seele ausschüttete, seinem Leid freien Lauf ließ: er weinte einfach![20]

19 Gott wird in der Bibel als »die Quelle lebendigen Wassers« bezeichnet, siehe Jeremia 2,13; 17,13.

20 Vgl. Hiob 16,20.

Tränen sind die Sprache der Seele. Wer von Trauer geplagt ist, soll seine Schotten nicht dicht machen. Die Fähigkeit zu weinen ist eine Gabe Gottes. Es ist unnatürlich und ungesund, Tränen zu unterdrücken. Wenn wir weinen können, ist es uns hinterher meistens »leichter ums Herz«, wir fühlen uns weniger belastet. Während des natürlichen Trauerprozesses vergießt ein Mensch mehr Tränen, als er seinem Körper zutrauen würde:

> Vier Monate nach dem Tod ihres Ehemannes sagte eine Witwe: »Jetzt begreife ich, dass der menschliche Körper vorwiegend aus Wasser besteht. Mit den Tränen, die ich vergossen habe, könnte man einen Swimmingpool füllen!«[21]

Wie kommt es, dass so viele von uns nicht wissen, wie man mit der Traurigkeit anderer Leute umgehen soll? Die wenigsten Menschen haben gelernt, Trost zu spenden, eine Schulter zum Ausweinen anzubieten oder einfach anwesend zu sein und zuzuhören.[22] Vielleicht können wir deshalb mit Tränen so schlecht umgehen, weil wir Weinen mit Kind-Sein, jedenfalls aber mit Nicht-Erwachsen-Sein verbinden. Wir interpretieren Tränen als peinliches Geschehen.
Der Psalmist weist in eine ganz andere Richtung. Jesus ebenfalls. Er hat selbst geweint.[23] Glücklich sind die Menschen, die richtig trauern können. Tränen sind die elementarste Form der Kommunikation. Lange bevor wir reden konnten, waren wir in der Lage, unsere Gefühle durch Tränen mitzuteilen. Tränen sagen manchmal viel mehr aus als unzählige Worte! Unterdrücke deine natürlichen Emotionen nicht. Tränen sind ein Weg, wie Gott uns hilft, mit Trauer umzugehen. Solange wir in dieser gefallenen Welt leben, bleiben sie unsere Begleiter. Erst

21 Deits, Bob. *Wohin mit meiner Trauer?* Wilhelm Heyne, München, 1992, S. 28.

22 Die Berührung eines anderen Menschen zählt in der Zeit eines schmerzlichen Verlustes mehr als zu jeder anderen Zeit des Lebens. Als Leidender bist du anderen Menschen dankbar, die nicht krampfhaft nach Worten suchen, sondern dich stumm in die Arme schließen.

23 Siehe Johannes 11,31-35.

wenn wir diesen irdischen Leib abgelegt haben, wird es kein Leid, keinen Schmerz, keine Trauer und keine Tränen mehr geben:

> *Und Gott wird ihnen alle Tränen von ihren Augen abwischen. (Offenbarung 7,17 b Hoffnung für alle)*

2. Nicht abschotten, sondern andocken

Jeder Mensch braucht Freunde. Wie wichtig es ist, jemanden zu haben, mit dem man reden kann, hat der amerikanische Psychologe James Pennebaker nachgewiesen. Seine zentrale These lautet:

> Wer Gedanken unterdrückt und nicht mitteilen kann, geht ein hohes gesundheitliches Risiko ein. Umgekehrt wirkt die Verbalisierung von Problemen und Konflikten befreiend und gesundheitsfördernd ... innere Konflikte »unter Verschluss« zu halten ist psychische Schwerstarbeit. Wenn sie längere Zeit schwelen, schwächen sie langfristig das körpereigene Immunsystem, unsere Abwehr gegen Krankheiten.[24]

Viele Menschen reagieren auf schmerzliche Situationen mit einem Rückzieher. Eigentlich ist das verständlich. Wenn ein schwerer Verlust eintritt, kapselt man sich ab, will alleine sein. Diese Tendenz, sich vom Leben abzumelden, sich von der schrecklichen Wirklichkeit zu distanzieren, ist eine Vermeidungsstrategie. Dadurch isolieren wir uns jedoch von genau den Leuten, auf die wir am dringendsten angewiesen sind.
Bei dem Terroranschlag auf den Pan-Am-Flug 103 über Lockerbie im Jahre 1988 verlor eine Mutter ihre einzige Tochter. Mehr als sieben Jahre später schreibt Susan Cohen über ihren Schmerz:

24 Psychologie Heute, 10/1990, S. 22, »Von der Seele reden.« Heiko Ernst.

> Mein einziges Kind ist tot. Für mich ist Leid konstant und permanent. Von allen Emotionen, die ich seit Theos Tod erlebt habe, ist Zorn die Beste. Wut gibt mir Energie, macht mich stark. Geht es mir heute nicht wenigstens ein wenig besser? Die verflossene Zeit hat geholfen. Ich stehe jeden Tag auf, gehe hierhin und dorthin und lebe mein verkürztes Leben. Aber der Schmerz ist allgegenwärtig. Ich leide ununterbrochen. Theo wollte Schauspielerin und Sängerin werden. Wir teilten die Liebe zur Musik und zum Theater. Die Musik habe ich aus meinem Leben verbannt, und ich kann kein Theater mehr sehen. Ich lebe defensiv.[25]

Es wäre einfach, diese Mutter zu kritisieren, dass sie sich so viele Jahre nach dem Tod ihrer Tochter immer noch abschottet, mit Verdrängung lebt und nicht in der Lage ist, ein »normalisiertes« Leben zu führen. Solche Vorwürfe sind gefährlich; wer weiß schon, wie er selbst handeln würde unter denselben Umständen? Trotzdem bleibt die Tatsache bestehen: Chronische Trauer schadet der Gesundheit, und selbst der schwerste Verlust ist nicht gleichbedeutend mit dem Ende der Lebensfreude.[26]

Ein permanent defensives Leben ist ein selbst gewähltes Schicksal. Es ist möglich, im Trauerprozess stehen zu bleiben; irgendwann verwandelt sich Leid dann in Selbstmitleid und wird destruktiv.

Leid lässt sich trösten, Selbstmitleid nicht. Daher sind Freunde wichtig; ihre bloße Anwesenheit kann Schmerz lindern und vor Ichbezogenheit bewahren. Der Wert von Freundschaften zeigt sich dann am deutlichsten, wenn es uns schlecht geht und wir nur einen Wunsch haben: uns zu verkriechen. Salomo schreibt:

25 Time Magazine, 29. Juli 1996, »Rage makes me strong«, auszugsweise. Susan Cohen hat ihren Artikel geschrieben in Solidarität mit den Angehörigen der Opfer des TWA-Fluges 800.

26 Die Gefahr, sich eine ernsthafte Krankheit zuzuziehen, ist nach einem großen Verlust um ein Vielfaches erhöht, muss aber keine zwangsläufige Folge davon sein, wenn der Leidende sich bewusst durch seinen Trauerprozess hindurcharbeitet.

Ein wahrer Freund beweist zu jeder Zeit seine Liebe. Er ist als ein Bruder für die Not geboren. (Sprüche 17,17 Bruns)

»Freund« und »Bruder« werden hier als sinnverwandte Begriffe gebraucht. Ein echter Freund ist wie ein Bruder, seine Freundschaft kann so eng sein wie Blutbande. Eine solche Beziehung wird erst richtig greifbar in der Bedrängnis.[27] Der stärkste Beweis solider Freunde ist ihre Loyalität: Ein wahrer Freund beweist *zu jeder Zeit* seine Liebe.[28] Viele Freundschaften sind bloße »Schönwetterbeziehungen«. Man trifft sich, solange aus der Verbindung Eigenvorteile resultieren, und geht auf Distanz, wenn kein Profit mehr rauszuholen ist.
Vorschlag: Prüfe deine Freundschaften und beurteile deinen Loyalitäts-Quotienten! Bist du die Art von Person, an die andere sich anlehnen können in Zeiten der Not?[29]
Im ersten Jahrhundert gab es in Mazedonien eine kleine Gemeinde, die unter starkem Druck stand. Der Mann, der die Gemeinde gegründet hatte, schrieb diesen Christen einen Brief, als er von ihrem bedrückten Zustand hörte. Ihr Schicksal ließ ihn nicht in Ruhe. Weil er durch seine eigene Reisetätigkeit verhindert war, schickte Paulus seinen Mitarbeiter Timotheus nach Thessalonich, um Hilfe anzubieten:

Wir konnten es einfach nicht länger ertragen, ohne Nachricht von euch zu sein. Deswegen hatten wir uns entschlossen, allein in Athen zu bleiben und unseren lieben Bruder Timotheus zu euch zu schicken. Er dient ja Gott und sollte euch ermutigen und in euerm Glauben stärken, damit ihr bei allem, was ihr augenblicklich erleiden müsst, standhaft bleibt. Ihr wisst ja selbst, dass wir als Christen leiden müssen. Das haben wir euch schon gesagt, als wir bei euch waren. Und jetzt wisst ihr es aus eigener Erfahrung. (1. Thessalonicher 3,1-4 Hoffnung für alle)

Timotheus ging aus zwei Gründen nach Griechenland: 1. Er sollte seine Freunde stärken in ihrem Kummer. 2. Er sollte sie ermutigen in ihrem Glauben.[30] Das Wort »stärken« hat die Be-

27 Vgl. Hiob 6,14 und Sprüche 18,24.
28 Siehe 1. Korinther 13,7.
29 Siehe 1. Korinther 12,26.
30 So lautet die Reihenfolge im griechischen Neuen Testament.

deutung von »stützen« oder »Stabilität vermitteln.« Die Thessalonicher brauchten jemanden, der ihnen beistand, und sie akzeptierten die Unterstützung des Timotheus gerne. Das Wort »ermutigen« kommt von dem griechischen Wort *parakaleo.* Dieser Begriff wird im Neuen Testament auch als Titel für den Heiligen Geist gebraucht und bedeutet je nach Anwendung »Tröster«, »Berater« oder »Helfer«.[31]

Wo liegt der Punkt? In der Bedrängnis neigen wir zur Abkapselung; was wir dann aber brauchen, ist Begleitung – ein verständnisvoller, persönlicher Timotheus.

Ein Freund, der nicht einfach sagt: »Reiß dich zusammen, andere haben das auch geschafft.« Jemand, der uns Mut macht und unseren Glauben stärkt. Wir müssen lernen, um Hilfe zu bitten, wenn wir Hilfe am nötigsten brauchen – und Hilfe anzunehmen, wenn sie uns angeboten wird. Trauer ist zwar eine ganz persönliche Erfahrung, die zu leistende Arbeit zur Bewältigung der Trauer erfordert jedoch die Unterstützung von Freunden. Nicht abschotten, sondern andocken heißt das Motto.

Noch eine dritte Feststellung will uns vor Entmutigung bewahren.

3. Nicht bitter werden, sondern bitten

Die Gefahr besteht, dass uns schwere Bürden verbittert machen. Leid ohne Aussicht auf Linderung kann Empörung und Wut auslösen. Nach innen gekehrter Zorn wird dann oft von Schuldgefühlen und Depression begleitet. Ein zerbrochenes Herz erschüttert unser Vertrauen zu Gott. »Wie konnte er das nur zulassen?« »Wenn er alle Macht besitzt, wieso hat er nicht eingegriffen?« »Wo ist Gott in meinen widrigen Lebensumständen?« Hiob hat sich nicht gescheut, seine Verzweiflung auszudrücken:

31 Vgl. Johannes 14,16-17.

Wenn jemand meinen Kummer wiegen wollte und meine Leiden auf die Waage legte – sie wären schwerer als der Sand am Meer. Was Wunder, wenn ich wirre Reden führe! (Hiob 6,2-3)

Er war ehrlich in seinem Schmerz und seiner Niedergeschlagenheit:

Warum gibt Gott mir nicht, was ich erbitte? Und warum tut er nicht, worauf ich warte? Wenn er sich doch entschlösse, mich zu töten und mir den Lebensfaden abzuschneiden! Darüber würde ich vor Freude springen, das wäre mir ein Trost in aller Qual... Woher nehme ich die Kraft, noch auszuhalten? Wie kann ich leben ohne jede Hoffnung? (Hiob 6,8-11)

Berechtigte Fragen für einen Mann, der so am Boden lag wie Hiob. Wenig später ergänzte der Patriarch:

Deswegen werde ich den Mund nicht halten, ich lasse meiner Zunge freien Lauf. Was mich so bitter macht, das muss heraus! (Hiob 7,11)

Hiob war auch nur ein Mensch. Nirgends hat Gott ihn verurteilt für seine Worte. Es war nur normal, dass er seine Gefühle äußerte.[32] Das Einzige, was das Neue Testament über diesen Mann zu sagen hat, trotz seiner Klagen, ist ermutigend:

Denkt doch nur an Hiob! Ihr habt alle schon gehört, wie geduldig er sein Leiden ertragen hat. Und ihr wisst, dass Gott in seiner Barmherzigkeit und Liebe alles zu einem guten Ende führte. (Jakobus 5,11b Hoffnung für alle)

Ist Gott es wert, angerufen zu werden, auch wenn er uns materiell nicht segnet und uns vor Schmerzen nicht bewahrt? Hiob gibt eine überzeugende Antwort. Er zweifelte an Gott und beschuldigte ihn der Ungerechtigkeit,[33] aber er war nicht un-

32 Hiob stand dazu, dass er bestürzt war, seine Freunde jedoch taten so, als ob sie alle Antworten besäßen. »Die Gemeinschaft der Bestürzten ist viel kostbarer als die Gemeinschaft der Alleswisser.« (Elton Trueblood)

33 Vgl. Hiob 19,6-21.

versöhnlich; er hat seinen Glauben nicht gekündigt! Er, der so viel gelitten hatte, ist am Ende Gott begegnet und reagierte dann mit diesen Worten:

> *Ich kannte dich ja nur vom Hörensagen; jetzt aber hat mein Auge dich geschaut. Ich schäme mich für alles, was ich sagte; in Staub und Asche nehm ich es zurück. (Hiob 42,5-6)*

Warren Wiersbe berichtet aus seiner langjährigen Erfahrung als Gemeindepastor:

> Eine Freundin von uns befand sich in einem Meer von Schwierigkeiten. Ihr Mann war erblindet und kurz darauf wurde bei ihm eine unheilbare Krankheit diagnostiziert. Sie hatte einen leichten Schlaganfall erlitten, der den Verlust ihrer Arbeitsstelle zur Folge hatte. Nun widmete sie sich vollzeitlich der Pflege ihres Mannes. Die beiden hatten keine Kinder, aber viele Freunde. Um sie zu ermutigen, sagte ich eines Tages zu ihr: »Ich möchte dich wissen lassen, dass wir regelmäßig für dich beten.« »Ich schätze das«, sagte sie. »Wofür betest du konkret?« Während sie meine Antwort abwartete, bemühte ich mich um eine sinnvolle Entgegnung. Mit einer solchen Frage war ich noch nie konfrontiert worden! Wenn Menschen leiden, betet man ja schließlich um Heilung (wenn das Gottes Wille ist), um Kraft, Geduld und Ähnliches; und so sagte ich ihr das. »Danke«, war ihre Antwort, »bete aber noch für ein weiteres Anliegen. *Bitte Gott darum, dass ich all dieses Leid nicht vergeude.«* Da ist mir zum ersten Mal in meinem Leben bewusst geworden, dass unsere Zeiten des Leides Zeiten der Investition werden können, wenn wir lernen, richtig darüber zu beten.[34]

Was wir brauchen in unseren düsteren Erfahrungen, ist ein vertiefter Glaube an die Souveränität Gottes. Überdenke deine Gespräche mit ihm! Echtes Gebet ist viel mehr, als Gott um deine Bedürfnisse zu bitten. Wir haben jedes Recht, ihm unsere Anliegen vorzulegen, aber wir kommen nicht, um Ansprüche zu stellen. Der Zweck des Gebetes ist nicht, dass unser

34 Wiersbe, Warren. *Why Us? When Bad Things Happen to God's People.* Fleming H. Revell Company, Old Tappan, New Jersey, 1984. S. 101.

Wille im Himmel geschehen möge, sondern dass Gottes Wille auf Erden geschehe.[35] Bedenke die Worte des Propheten Jeremia:

> *Auch wenn der Herr uns Leiden schickt, erbarmt er sich doch wieder über uns, weil seine Liebe so reich und groß ist; nicht für immer verstößt er uns. Es macht ihm selber keine Freude, den Menschen Schmerz und Kummer zu bereiten. (Klagelieder 3,31-32)*

Zusammengefasst: Bei der Bewältigung der Angst vor Leid sind drei Faktoren eine Hilfe: der Ausdruck meiner Gefühle, der Kontakt mit meinen Freunden und das Gespräch mit meinem Gott. Alle drei Aspekte lindern Schmerz und vermitteln Trost.
Sehen wir uns nun die Angst vor dem Leid noch aus einer anderen Perspektive an.

LEIDIGE TRÖSTER

Frage: Wie verhältst du dich, wenn jemand im Tunnel der Trauer steckt? Was für eine Art Tröster bist du? Was tun – oder besser, was nicht tun – wenn andere harte Bandagen tragen müssen?

1. Sprachloses Ausweichen

Das ist oft unser Problem: Jemand erleidet einen Verlust, und wir fühlen uns so hilflos, dass wir ihn meiden. Die Angst »Was soll ich nur sagen« hindert uns, Anteil zu nehmen. Warum nicht einfach ehrlich sein: »Ich weiß nicht, wie ich dich trösten kann in dieser Situation, aber ich möchte dich wissen lassen, ich fühle mich auch betroffen.« Telefoniere, schreibe eine Karte, mache einen Besuch! Menschen in Trauer brauchen Kontakt, nicht zuletzt auch viel Körperkontakt. Jemanden,

35 Siehe Lukas 22,42.

der leidet, zu umarmen spricht mehr als viele Worte und hat eine geradezu therapeutische Wirkung.

2. Oberflächliche Aussagen

Sätze wie »O, ich kann mich gut in deine Lage versetzen« klingen nett, sind aber oft reiner Schwindel. Der Leidende selbst weiß sehr genau, dass sein Schmerz nicht mitteilbar ist und dass es einem Wegwischen des Problems gleichkommt, wenn man meint, man könne sich in seine Lage versetzen. Man kann *nicht,* es sei denn, man hat dieselbe Erfahrung gemacht. Spar dir daher nette Sprüche, die niemanden trösten, weil sie der momentanen Wirklichkeit nicht entsprechen. Das Letzte, was eine leidgeprüfte Person braucht, sind Klischees, insbesondere fromme Klischees.[36] Es gibt keine einfachen Antworten. Überlege daher zweimal, was du sagst. So mancher Tröster hat Trauernde durch unweise Worte oder unkluges Verhalten zusätzlich belastet.

3. Betonen von Vorteilen

Wenn jemand an einer langwierigen Krankheit gestorben ist, besteht die Versuchung, alle möglichen Vorteile des Sterbens zu betonen: »Sei froh, dass sie nicht länger leiden musste«. »Denke nur, was ihm alles erspart blieb.« Sachlich mag das richtig sein, psychologisch ist es falsch, mindestens am Anfang des Trauerprozesses. Egal, welcher »Nutzen« des Todes betont wird, ob die Person jung oder alt war: Abschied nehmen tut immer weh! Kein noch so einsichtiges Argument kann daran etwas ändern.

36 Aussagen wie: »Wer Gott liebt, dem dient alles zum Besten«, »Jesus will dich durch diese Erfahrung stärken«, »Gott liebt dich, du musst ihm mehr vertrauen« mögen wohl wahr sein, aber sie können das Unverständnis über einen schweren Weg nicht wegbügeln. Wer mit billigen Lösungen abgespeist wird, dem ist wenig geholfen.

4. Trost durch Vergleich

Im Bestreben, den Schmerz der Trennung zu lindern, sagte jemand zu einer Witwe: »Wenigstens hatten Sie ihren Mann 30 Jahre lang, ich kenne eine Frau, die hat ihren Ehemann schon nach drei Jahren verloren.« Eine solche Bemerkung mag gut gemeint sein, aber sie ist wenig hilfreich. Für einen leidgeprüften Menschen ist es kein Trost zu hören, dass jemand anderes mehr gelitten hat als er!

5. Angebot von Hilfe

Auf die pauschale Frage »Kann ich irgendetwas helfen?« folgt selten eine Reaktion. Trauernde Menschen haben Mühe, Entscheidungen zu fällen. Es ist besser, in einer solchen Situation einen spezifischen Vorschlag zu machen: »Kann ich die Kinder hüten?« »Soll ich das Abendessen vorbeibringen?« »Möchtest du, dass ich einige Telefonate für dich erledige?« »Lass mich für dich einkaufen gehen.« Lehnt die betroffene Person ab, sei nicht beleidigt; du hast konkrete Hilfe angeboten, das allein zählt.[37]

Auf einen Nenner gebracht: Nicht Verlust und Trauer sind unsere Feinde, sondern unsere ständige Furcht vor Verlust und Trauer. Über Trauer offen zu reden ist eine normale und nötige Antwort auf jede große Verlusterfahrung und ein wichtiger Schritt zur Gesundung. Leid kann auch zu einer Begegnung mit Gott führen. Vergessen wir in alledem nicht: Das Zentrum der guten Nachricht ist nicht eine Lehre, sondern eine Person – eine Person, die leidet. Im Leiden identifizieren wir uns mit Christus.[38]

37 Bei einem plötzlich eingetretenen Todesfall braucht der Angehörige jemanden, der klar denken kann, um die nächsten Angehörigen zu benachrichtigen und die Beerdigung vorzubereiten

38 Zur Vertiefung des Themas »Leid« siehe Müller, Harry, *Spurwechsel im Brennpunkt,* Hänssler, Neuhausen, 1993, S. 240-271.

> *Gott aber, von dem ihr nichts als Gnade und Liebe erfahrt, hat euch durch Jesus Christus zugesagt, dass er euch nach dieser kurzen Leidenszeit in seine ewige Herrlichkeit aufnimmt. Er wird euch ans Ziel bringen, euch Kraft und Stärke geben, so dass ihr fest und sicher steht. Denn Gott allein gehört alle Macht für immer und ewig. Das ist ganz gewiss! (1. Petrus 5,10-11 Hoffnung für alle)*

Augen auf und durch

Sucher:

Oft tun wir so, als treffe Verlust nur Menschen, die ihn verdienen. Wir geben zwar zu, dass niemand ewig lebt, beeilen uns aber hinzuzufügen, das Thema Tod treffe uns erst in irgendeiner fernen Zukunft. Wir machen uns vor, dass Trauerfälle etwas sind, das nur anderen zustößt. Eine fatale Verdrängungstaktik! Lies diese Woche Kohelet 12,1-5, vergleiche mit Kohelet 12,13 und ziehe Konsequenzen.

Insider:

> Es gibt keine Möglichkeit, sich auf den Verlust eines geliebten Menschen vorzubereiten! Diesen Satz haben Sie häufig gehört. Vermutlich haben sie ihn schon selbst ausgesprochen. Es ist tatsächlich so, dass die meisten von uns glauben, es gäbe keine Möglichkeit, um sich auf einen großen Verlust im Leben vorzubereiten. Wie viele Menschen auch glauben mögen, man könne sich mit nichts auf einen Verlust vorbereiten, es stimmt nicht! (Bob Deits)

Das erste, was wir tun können, ist, unser Schweigen zu brechen. Manche von uns leben mit dem Aberglauben: »Wer von Tragödie spricht, ruft sie herbei.« Andere halten das für Unsinn – schweigen aber trotzdem. Sich auf eine Verlusterfahrung vorzubereiten hat nichts zu tun mit einer pessimistischen Lebenseinstellung. Vorschlag: Besprich mit deinem Ehepartner oder jemandem, dem du vertraust, folgende Fragen:

- Was wäre der bedeutendste und schlimmste Verlust für mich?

- Welche Vorkehrungen habe ich getroffen für die Zeit, wo ich mit diesem Verlust konfrontiert werde? (Bei Todesfall: Adressenliste, Lebenslauf, Abdankung, Testament usw.)
- Wer sind meine Freunde, auf die ich mich in der Trauer sicher stützen kann?
- Was weiß ich über die verschiedenen Phasen der Trauer? Welche Erfahrungen habe ich schon selbst gemacht?
- Mir macht es Mühe, über schmerzliche Gefühle zu reden. Welche konkret? Wie kann ich diese Angst überwinden?

Niemand sagt, dass ein solches Gespräch einfach sein wird. Aber es ist notwendig. Paul Tournier schreibt: »Das Ziel des Lebens ist nicht die Abwesenheit von Leiden, sondern dass diese Leiden Früchte tragen können.«

Für diese Woche: Lies und überdenke sorgfältig Offenbarung 21,1-6.

7. Angst vor Einsamkeit

Psalm 25, 16-22

Am schlimmsten sind die Sonntage. Vor den Sonntagen fürchten sich alle einsamen Menschen. Keine Arbeit, alle Geschäfte geschlossen, die Straßen menschenleer. Nur in den Parks flanieren die Pärchen mit ihren Kindern. Sonntags ist es in der Wohnung so still, dass es direkt weh tut. Das Telefon stumm. Nicht einmal der Briefträger kommt. Aus der Wanduhr tropft die Zeit. Es gibt Leute, die sich Ohropax in die Ohren stopfen, um diese gräßliche, dröhnende Stille nicht mehr zu hören. Es gibt auch Frauen, die nehmen jede halbe Stunde den Telefonhörer ab und horchen auf das Freizeichen, um sicher zu sein, dass der Apparat noch angeschlossen ist. Der ganz private kleine Wahnsinn ... Aber von den Millionen von Zeitgenossen, die alleine leben, gibt es kaum jemand, der zugeben würde: »Mich macht die Einsamkeit fertig.« Das stumme Leiden betrifft Junge und Alte, Reiche und Arme, Singles und Verheiratete, Berühmte genauso wie Durchschnittsbürger.

Obwohl Greta Garbo 84 wurde, lebte sie nur 36 Jahre. Als schönste Frau der Welt beschloss die Göttliche zu sterben – mit 36. 1941, nach dem Film »Die Frau mit den zwei Gesichtern«, beendete sie ihre Karriere und korrigierte ihre Entscheidung nie mehr. Ihr Gesicht, der Inbegriff des Ebenmaßes, ihr geschmeidiger Körper waren immer noch so schön, dass sie Schauer auslösten. Warum der selbst gewählte Tod? Eine innere Stimme hatte ihr gesagt, dass ihre Zeit vorbei war. Anders als alle schönen Schauspielerinnen, die sich mit 36 auf 26 zurückschminken lassen, verschwand die Garbo hinter der Tür ihres Appartements in New York. Sechs Zimmer, Terrasse mit phantastischem Blick auf den East River. Wann immer sie in den nächsten 48 Jahren herauskam, als 40-jährige, 50-jährige, 60-jährige, trug sie eine schwarze Brille. Ein einziges offizielles Foto erlaubte sie noch zu machen. Das war 1951. So

> sieht ein Mensch aus, der seine eigene Legende überlebt hat – sozusagen an seiner eigenen Beerdigung gewesen war.[1]

Das Bild in der Illustrierten zeigte die Garbo 46-jährig mit einem melancholisch-traurigen Gesichtsausdruck. Eine Frau, deren Leben nach dem Rückzug von der Leinwand vollkommen leer war und die sich bis zu ihrem Tod im Jahre 1990 der völligen Selbstversunkenheit hingab.[2]
Ist die Einsamkeit der Greta Garbo lediglich eine kuriose Ausnahme? Wohl kaum. Wie groß die Zahl der Einsamen und Kontaktarmen ist, zeigt sich beispielsweise an der Jahresbilanz der über 15 verschiedenen Kummernummern in Österreich:

> Von den 10 000 Anrufern, die uns im ersten Halbjahr 1995 kontaktiert haben, litt jeder zweite unter extremer Einsamkeit. Geschiedene Frauen sind besonders stark mit dem Problem Einsamkeit konfrontiert. Das zieht sich durch alle Altersschichten. Viele Betroffene sind erst zwischen 20 und 40 Jahre alt. (Helga Melzer, Leiterin der »Ö3-Kummernummer«)[3]

SO WAS VON ABGELÖSCHT

Einsamkeit schleicht sich in unser Leben ein, ungefragt, ungeliebt, gefürchtet. Der Zustand ist einfacher zu beschreiben als zu erleben. Er hat viele Gesichter, von denen das eine so unangenehm ist wie das andere schmerzhaft. Einsamkeit ist immer verbunden mit Gefühlen von Isoliertsein, Nichtgeborgensein, Ausgeschlossensein, Hilflossein, Nutzlossein. Ein Arbeitsloser schildert seinen Zustand so:

1 Bunte, 12/1989, S. 19.
2 »Ihr Leben gehört mit Sicherheit zu den eigennützigsten, das ein Prominenter des zwanzigsten Jahrhunderts je geführt hat . . . gegen Ende schien sie zu spüren, dass sie einen großen Teil ihres Lebens vergeudet hatte. Jedenfalls beklagte sie sich über die Trivialität ihres Daseins.« (Richard Schickel)
3 News, 1/1996, S. 34, »Allein in Österreich«, auszugsweise.

> Seit ich mich aus dem Wettbewerb des Lebens zurückgezogen habe, ist jeder Tag eine Wiederholung des vorhergehenden. Ich stehe jeden Morgen auf und staube meinen Verstand ab, hole mir die Zeitung und lese die Todesanzeigen. Wenn ich meinen Namen dabei nicht finde, weiß ich, dass ich noch lebe.« (O. S.)

Verlassenheit heißt zu einem wesentlichen Teil auch, das Gefühl zu haben, von einem bestimmten Menschen oder auch von den Mitmenschen allgemein nicht mehr akzeptiert, anerkannt und gebraucht zu werden. Abseits stehen, den Kontakt mit anderen zu wollen, aber den Weg nicht zu finden – das ist der Schmerz des Ausgestoßenen. Die Angst vor Enttäuschung durch andere und die Angst, andere zu enttäuschen, blockieren den Einsamen.

Aus Untersuchungen wissen wir, dass rund die Hälfte aller erwachsenen, allein lebenden Menschen sich einsam fühlen. Kann man auch verheiratet und einsam sein? Sicher! Mehr als ein Viertel aller verheirateten Leute fühlen sich verlassen.[4] Viele Leute heiraten, weil Einsamkeit sie plagt, und viele lassen sich aus eben demselben Grund scheiden. Es kommt nicht darauf an, wie viele Leute in deiner Umgebung sind, sondern welche Beziehung du zu diesen Leuten hast!

Der Mensch wurde mit einem zweifachen Bedürfnis geschaffen: 1. Dem Bedürfnis der Verbundenheit mit Gott. 2. Dem Wunsch nach Gemeinschaft mit anderen. Für diese beiden Urbedürfnisse kann es keinen Ersatz geben, egal wo wir nach Alternativen suchen. Werden diese beiden Grundanliegen des Menschen nicht erfüllt, so ist Einsamkeit das Resultat.

4 Die statistischen Angaben stammen von Doris Wolf. *Einsamkeit überwinden,* PAL, Mannheim, 1986, S. 9.

Alleinsein kann nötig sein

Es lassen sich drei Phasen oder Typen der Einsamkeit unterscheiden: die momentane, vorübergehende Einsamkeit, der langsame Rückzug und die chronische Einsamkeit. Die vorübergehende Isolierung werden wir nie vollständig aus unserem Leben ausschalten können, und das ist auch gut so, denn Einsamkeit hat auch positive Seiten:

> Wahrlich, keiner ist weise, der nicht das Dunkel kennt,
> das unentrinnbar und leise von allen ihn trennt.
> (Hermann Hesse)

Keiner wünscht sich Einsamkeit, und trotzdem ist sie der Boden, auf dem Weisheit gedeihen kann. Streng genommen müsste man zwischen *Alleinsein, Einsamkeit* und *Vereinsamung* unterscheiden. Es kann jemand allein sein, ohne einsam zu sein, und ebenso ist es möglich, einsam zu sein, ohne zu vereinsamen.[5]
Männer und Frauen suchen ungefähr gleich häufig die Zeiten der Absonderung, nur tun sie das in unterschiedlicher Weise. Frauen genügt es meistens, Rückzugsmöglichkeiten, die sich im Alltag bieten, zu nutzen. Männer wollen sich oft extrem räumlich von anderen Leuten isolieren; sie machen ausgedehnte Wanderungen, besteigen allein hohe Berge oder fahren stundenlang Fahrrad. Der Wunsch nach Einsamkeit entsteht aus der Überforderung und Sättigung unseres Lebensstils und erfüllt gleichzeitig drei grundlegende psychische Bedürfnisse:

1. Spiritualität: Die Möglichkeit zur inneren Einkehr

Der Rückzug gibt uns die Chance, darüber nachzudenken, wie unser Kontakt zu Gott aussieht, wo wir im Glauben stehen, was mit unseren Beziehungen los ist und welche Ziele wir ver-

5 »Vereinsamung ist die ungewollte Folge der Flucht vor der Einsamkeit.« (Hans Bürki)

folgen. Wer nicht regelmäßig innehält und sich zurückzieht, bewusst die Einsamkeit sucht, der wird Gott nicht begegnen.

2. Kreativität: Die Möglichkeit, den Gedanken freien Lauf zu lassen

Ganz mit sich allein, können Menschen ihren Gedanken nachhängen, ohne von anderen bewertet oder zensiert zu werden. Kreative Einsamkeit empfinden wir vielleicht nicht unbedingt als »schön«, aber solche selbstgewählten Zeiten der Klausur sind oft der einzige Weg, um schöpferisch tätig zu sein.

3. Autonomie: Die Möglichkeit zu tun, was man will

In einem Alltag, der uns zunehmend Verantwortung, Terminen, fordernden Kontakten und anderen Sachzwängen aussetzt, brauchen wir Inseln der Autonomie. Sich zeitweise völlig frei und unabhängig zu fühlen, ist nicht nur der Wunsch von skurrilen Einzelgängern oder von gestressten Berufsleuten. Selbst gesellige und ausgeglichene Leute verspüren periodisch dieses Bedürfnis, von niemandem angesprochen zu werden, sich in die Einsamkeit zurückziehen zu können.[6]
Karl Lagerfeld, der deutsche Modeschöpfer, wurde in einem Interview gefragt, ob er als Single nicht einsam sei. Seine Antwort:

> Einsamkeit ist für mich Luxus, etwas, worum ich hart kämpfen muss. Ich sitze nicht allein zu Hause und weine, weil keiner da ist. Ich sitze da und sage: Endlich alleine, drei Tage nicht reden müssen.[7]

6 Der Psychologe Jerry Burger vermutet, dass psychische Gesundheit eine wichtige Voraussetzung ist, um Einsamkeit wirklich genießen und sie wiederum als Quelle für das persönliche Wohlbefinden nutzen zu können.
7 Cosmopolitan 11/1987, S. 37.

Die Bibel macht zum Thema Einsamkeit nur wenige direkte Aussagen, doch diverse biblische Persönlichkeiten haben sich jahrelang zurückgezogen. Mose lebte 40 Jahre in der Wüste. Paulus verbrachte einige Jahre der Einsamkeit in Arabien und in verschiedenen Gefangenschaften. Johannes der Täufer war während 30 Jahren im Abseits, und nach seinem öffentlichen Auftreten blieb er »die Stimme eines Rufenden in der Wüste.«[8] Von den ersten 30 Jahren der Abgeschiedenheit im Leben von Jesus ist nur wenig bekannt, und selbst während der kurzen Zeit seines öffentlichen Wirkens zog er sich oft ganz allein in die Einsamkeit zurück:

> *Und frühmorgens, als es noch sehr dunkel war, stand er auf und ging hinaus und ging fort an einen einsamen Ort und betete dort. (Markus 1,35 Elberfelder)*

Christus suchte die Einsamkeit bewusst, um sie zum Gespräch mit dem Vater zu nutzen. Aber das selbst gewählte Alleinsein ist natürlich etwas ganz anderes als die erzwungene Einsamkeit, und damit möchten wir uns nun befassen. Welche sind die Auslöser, die uns unfreiwillig verbannen können?

BLICK HINTER DIE KULISSE

Der Apostel Paulus berichtet im 2. Timotheusbrief aus seiner eigenen Erfahrung. Er schrieb diesen Brief während seiner zweiten Gefangenschaft in Rom. Im Vergleich zur ersten Gefangenschaft, wo er lediglich unter Hausarrest stand, siechte er jetzt in einem dunklen, kalten Kerker dahin, angekettet wie ein Schwerverbrecher.[9] Seine Freunde hatten Mühe, ihn zu finden, und er selber wusste, dass für ihn die Zeit abgelaufen war. In seinem letzten Brief schildert er vier Ursachen der Einsamkeit:

8 Vgl. Markus 1,3 Elberfelder. Die Bibel versteht unter Einsamkeit nicht ein romantisches Sichabsondern von der bösen Welt. Das Leben in der Wüste war alles andere als idyllisch. In der Wüste fand auch die Konfrontation mit dem Versucher statt, siehe Lukas 4,1-13.

9 Vgl. Apostelgeschichte 28,30 und 2. Timotheus 1,16; 2,9.

1. Veränderung

Was mich betrifft, so werde ich schon geopfert, und die Zeit meines Heimgangs ist da. Ich habe einen guten Kampf gekämpft, ich habe den Lauf vollendet, ich habe Treue gehalten. (2. Timotheus 4,6 Bruns)

»Letzte Worte großer Männer« – was Paulus hier schreibt, ist sein Testament. Der alte Mann ist einsam und müde. Er zieht Bilanz: »Was mich betrifft, so werde ich schon geopfert«, seine Tage sind gezählt. Nero war römischer Kaiser, und von ihm konnte er keine Barmherzigkeit erwarten. Der Tod, die letzte große Veränderung des Lebens, wartete auf den Apostel.

Jeder Ablösungsprozess erzeugt Einsamkeit. Kinder, die zum ersten Mal in die Schule kommen, fühlen sich so allein wie die Mütter, die sie gehen lassen müssen. Eine berufliche Veränderung, ein Wohnortswechsel, ein Gemeindewechsel, ein Militärdienst, eine Enttäuschung in der Freundschaft, eine Krankheit; was es auch sein mag, jede größere Veränderung kann Einsamkeit bewirken.

2. Trennung

Nun bitte ich dich: Komm doch so schnell wie möglich zu mir! ... Crescens ist in Galatien und Titus in Dalmatien ... Tychikus habe ich nach Ephesus geschickt ... Erastus ist in Korinth geblieben, und Trophimus habe ich krank in Milet zurücklassen müssen. Ich wäre sehr froh, wenn du noch vor Beginn des Winters hier sein könntest. (2. Timotheus 4,9.10b.12.20-21 Hoffnung für alle)

Paulus war kein Einzelgänger. Die genannten Personen sind seine Reisegefährten, Freunde, die ihn begleiteten. Doch jetzt ist er, von Lukas abgesehen, ohne Gesellschaft. Als Gefangener in einer Weltmetropole wie Rom, getrennt von seinem Freundeskreis, fühlte er sich auf seinem letzten Wegstück einsam. Verständlich, dass er an Timotheus schrieb: »Komm doch so schnell wie möglich zu mir.« Frage an dich: Gibt es Leute in deinem Leben, die einsam sind, die du besuchen solltest? Wer würde sich über einen Brief oder Anruf von dir freuen? Es könnte sein, dass du vielleicht nicht mehr oft die Möglichkeit hast, deine Verbundenheit zum Ausdruck zu bringen. Und nebenbei erwähnt: Wer sich um einsame Menschen kümmert, hilft sich selbst aus dem schwarzen Loch heraus.

3. Widerstand

Der Schmied Alexander hat mir viel Böses angetan. Er wird dafür die gerechte Strafe erhalten. Hüte dich vor ihm, denn er hat unsere Botschaft von Jesus Christus erbittert bekämpft. (2. Timotheus 4,14-15 Hoffnung für alle)

Alexander, der Schmied, hat Paulus das Leben schwer gemacht. Es wird nicht erklärt, worin seine Opposition bestand. Manche haben spekuliert, dass dieser Typ ein Informant der römischen Regierung war. Ein IM, der die Verhaftung des Apostels veranlasste.[10] Vielleicht hat er auch beim Prozess gegen Paulus ausgesagt. Der Apostel nährt jedoch keine Rachegefühle. Die Worte »Er wird dafür die gerechte Strafe erhalten« sind eine nüchterne Feststellung. Gott wird das getane Unrecht nicht übersehen.[11] Die Abwesenheit von Freunden und die Anwesenheit von Feinden verschärfte die Verlassenheit von Paulus zusätzlich.

4. Ablehnung

Demas hat mich im Stich gelassen und ist nach Thessalonich gereist, weil ihm die Dinge dieser Welt wichtiger waren. (2. Timotheus 4,10a Hoffnung für alle)

10 Möglicherweise handelt es sich um denselben Menschen, der in 1. Timotheus 1,20 genannt wird. Wichtiger als seine Identität sind jedoch seine Taten. Der Satz »er hat mir viel Böses getan« gibt näheren Aufschluss. Das Verb »getan«, griech. *endeiknumi,* wird auch gebraucht im Sinne von »Anzeige erstatten.« In Rom spielten Denunzianten eine verhängnisvolle Rolle.

11 Paulus praktiziert hier, was er selber in Römer 12,17-19 gepredigt hat.

Das ist wohl die schwierigste Ursache des Einsamseins. Demas war, wie Lukas, einer der engeren Mitarbeiter des Paulus. Als der Apostel verhaftet wurde, setzte sich Demas ab und überließ Paulus seinem Schicksal. Es braucht keine große Vorstellungskraft, um nachfühlen zu können, dass diese Untreue für ihn schwer zu verkraften war und weiter zu seiner Abgeschnittenheit beitrug.[12] Von Menschen verlassen zu werden, die einem nahe stehen, ist immer mit seelischem Schmerz verbunden. Das ist der Grund, weshalb Gott Ehebruch und Scheidung so verabscheut. Jeder Mensch hat das natürliche Bedürfnis nach persönlicher Akzeptanz; abgelehnt zu werden verletzt und macht betroffen.

Für die Einsamkeit des Paulus bestanden vier berechtigte Gründe: Veränderung, Trennung, Opposition und Ablehnung. Er hätte sich sehr wohl bemitleiden können: »Ist das der Lohn für meine Arbeit? Womit habe ich diesen miesen Abgang verdient?« Frage an dich: Wie würdest du reagieren unter solchen Umständen? Wie gehst du um mit deiner Angst vor Einsamkeit?

ÜBERBRÜCKBARE GRÄBEN

Für uns heute existieren natürlich ganz andere Verhältnisse als im ersten Jahrhundert. Vieles, was die frühen Christen erlebt haben, können wir heute nicht mehr nachvollziehen. Die Angst vor dem Verlassenwerden, vor der Untreue, vor dem Abgelehntwerden ist jedoch so aktuell wie eh und je:

> Es war einer dieser langweiligen Sonntage: Julius spielte Tennis, Paula telefonierte mit Freundinnen. Bis zum Abendessen deutete nichts auf die bevorstehende Katastrophe hin. Beim

12 Beachte: Demas wird nicht angeklagt, dass er vom Glauben abgefallen sei. Er hatte Paulus im Stich gelassen, »weil ihm die Dinge dieser Welt wichtiger waren.« Er wollte die Risiken des Apostel nicht teilen und bevorzugte die Sicherheit des Wohlstandes. Zur Frage der Heilssicherheit siehe Müller, Harry, *Spurwechsel im Brennpunkt,* Hänssler, Neuhausen, 1993, S. 136-166.

Nachtisch sagte Julius dann den Satz, der Paula noch Monate später bis in ihre schlaflosen Nächte hinein verfolgte: »Ich will raus aus dieser Ehe. Ich ziehe aus.« Zwei Tage später war er weg. Der erfolgreiche Banker hatte die Trennung längst vorbereitet. In der Stadt hatte er bereits ein möbliertes Apartment gemietet. Angeblich war keine andere Frau im Spiel. Er wollte einfach frei sein, sagte Julius, ohne sich auf weitere Diskussionen einzulassen. Paula half ihm noch, seinen Koffer zu pakken, dann blieb sie wie betäubt im gemeinsamen Haus zurück. Nach 21 Jahren Ehe plötzlich allein – für Paula ein Alptraum, den sie erst mal nur mit Hilfe von Tabletten ertrug.[13]

Trennung und Scheidung stehen auf der Angststress-Skala an oberster Stelle. Aber ob es der Trümmerhaufen einer großen Liebe ist, die Ausgeschlossenheit von Freunden oder die Verlassenheit eines Kerkers – der Angst vor der inneren Leere stehen wir nicht hilflos gegenüber. Aus der Erfahrung des Apostels in Rom lassen sich einige praktische Ratschläge ableiten.

1. Zeit nutzen

Wenn die gefürchtete Stille eintritt, wenn wir konfrontiert sind mit einer anscheinend gottverlassenen Situation, ist die Versuchung groß, sich gehen zu lassen, passiv zu werden, nichts mehr zu unternehmen. Als Alternative: Überlege, welche Möglichkeiten bestehen, um aus der Isolation auszubrechen. Paulus schrieb an Timotheus:

Bringe mir aus Troas meinen Mantel mit, den ich bei Karpus zurückgelassen habe, ebenso die Bücher, vor allem aber die Pergamentrollen. (2. Timotheus 4,13 Hoffnung für alle)

Der Apostel lehnte es ab zu jammern; er bat um seinen warmen Mantel, um das Beste aus einer deprimierenden Situation zu machen.[14] Neben seinem Wintermantel wünschte er sich

13 Brigitte-Dossier, 7/1992, S. 112. »Wenn der andere geht ...«

14 Vereinsamte Menschen schaden sich zusätzlich, indem sie für ihre körperlichen Bedürfnisse schlecht sorgen. Ein regelmäßiger Ess-, Schlaf- und Bewegungsrhythmus kann vor Depression bewahren.

auch »die Bücher« und »die Pergamentrollen.« Die Bücher bestanden aus zusammengehefteten Papyrusblättern; die Pergamentrollen waren aus Tierhäuten gefertigt. Der griechische Begriff für »Bücher« ist *biblia,* das Wort »Bibel« stammt davon ab. Paulus wollte seine Zeit im Gefängnis nicht bloß absitzen, sondern nutzen. Da ist er als alter Mann, eingeschlossen in einem Loch, den Tod vor Augen, und er will lesen! Bis an sein Lebensende blieb er ein unermüdlicher »Mann des Buches.« In Zeiten, wo wir uns einsam fühlen, stellt sich für uns diese konstruktive Frage: Was kann ich jetzt tun, das nicht möglich wäre, ohne alleine zu sein?

2. Vergebung üben

> *Bei meiner ersten Gerichtsverhandlung war niemand auf meiner Seite. Alle ließen mich allein. Gott möge ihnen verzeihen. (2. Timotheus 4,16 Hoffnung für alle)*

Die Enttäuschung des Apostels muss groß gewesen sein. Als es drauf ankam, war von seinen Freunden keiner zur Stelle.[15] Er hätte jeden Grund gehabt zur Verbitterung. Statt dessen die Worte: »Gott möge ihnen verzeihen.« Paulus war realistisch genug zu erkennen, in welche Gefahr seine Freunde sich begeben hätten, wenn sie als Zeugen für ihn aufgetreten wären. Das Christentum wurde als illegale Sekte eingestuft, und wer sich mit seinem streitbaren Hauptvertreter solidarisierte, der hätte den eigenen Kopf riskiert. Paulus erkannte das und übte Vergebung an seinen Freunden. Verbitterung macht Einsamkeit nur noch schlimmer und schafft neue Mauern. Bittere Menschen werden zynisch, und wer will schon mit einem Zyniker zusammensein? So entsteht ein Teufelskreis. Könnte es sein, dass du dich zurückgezogen hast, weil du eine unversöhnliche Einstellung hegst? Gibt es Leute in deinem Leben, denen *du* verzeihen solltest? Tue es!

[15] Rom war in gewisser Weise das Gethsemane des Paulus, vgl. Markus 14,50 und Lukas 23,34. Siehe auch Psalm 22.

3. Kraft tanken

Freunde hatten Paulus verlassen, doch Gott ist ihm treu geblieben. In dieser Hinsicht war die Erfahrung des Apostels ähnlich wie die von Christus, als er in Erwartung des Verrates zu seinen Jüngern sagte:

> *Ihr werdet euch in Sicherheit bringen und mich allein lassen. Aber auch dann werde ich nicht allein sein, denn der Vater ist bei mir. (Johannes 16,32b Hoffnung für alle)*

Paulus fand tiefen Trost in derselben Tatsache:

> *Der Herr aber war bei mir. Er hat mir Kraft gegeben ... (2. Timotheus 4,17a Hoffnung für alle)*

Wo befindet sich Gott in unserer Einsamkeit? Er ist da! Ob wir seine Gegenwart spüren oder nicht, ist unwesentlich. Die Tatsache, dass Gott sein Volk niemals verlässt, wird im Neuen Testament immer wieder betont.[16] Einsamkeit ist ein Signal, um uns daran zu erinnern, dass wir ihn brauchen. Uns fällt es oft schwer, innerlich ruhig zu werden, aber wir brauchen die Stille der Abgeschiedenheit, um Kraft zu tanken.

> Ein Freund von mir liebte die Ruhe des Landlebens. Als er mir eines Abends von seinem letzten Ausflug vorschwärmte, stellte er das Tonbandgerät an und meinte: »Gleich hörst du eine meiner schönsten Aufnahmen.« Neugierig wartete ich, aber es kam nicht das leiseste Geräusch. »Ich höre überhaupt nichts«, sagte ich ungeduldig. »Das ist es ja gerade«, erklärte er. »Du glaubst gar nicht, wie schwer es ist, so eine Stille aufzunehmen.«[17]

Abgeschiedenheit macht einer lärmgewohnten Generation zu schaffen. Wir können die Stille kaum mehr ertragen. Und doch sind gerade das die Zeiten, in denen Gott zu uns redet. Im stillen Gespräch mit ihm wird Kraft getankt.

16 Siehe Matthäus 18,20; Apostelgeschichte 18,10.
17 Das Beste, 12/1990, S. 134.

4. Brücken bauen

Er hat mir Kraft gegeben, dass ich selbst an diesem Ort die Frohe Botschaft von Jesus verkündigen konnte und Menschen aus aller Welt sie hörten. (2. Timotheus 4,17b Hoffnung für alle)

Paulus ist angeklagt, und es geht um sein Leben. Freunde haben ihn verlassen, Feinde haben ihn verleumdet, vor Gericht hat ihm niemand beigestanden, doch selbst unter diesen Umständen bekennt er die frohe Botschaft von Jesus Christus. Die Gerichtsverhandlungen und der Kontakt zu den Wachsoldaten waren seine primären Gelegenheiten, und die nutzte er voll aus.

Auf uns übertragen: Wer allein lebt, neigt zu Selbstbeschaulichkeit. Der beste Weg zur Korrektur besteht darin, Brücken zu bauen, auf andere zuzugehen, Beziehungen zu knüpfen. Die Botschaft von dem, der selbst am Abgrund der Einsamkeit gestanden ist und am Kreuz geschrien hat: *»Mein Gott, mein Gott, warum hast du mich verlassen?«* (Matthäus 27,46 b Luther), diese Botschaft öffnet Türen und vermittelt Trost. Weil Christus vom Vater verlassen wurde, bleibt uns die Gottverlassenheit erspart!

Veränderung, Trennung, Widerstand und Ablehnung werden in unserem Leben unweigerlich auftreten; wenn nicht jetzt, dann später. Rechne damit! Erzwungene Einsamkeit lähmt uns, wenn wir es zulassen. Doch wir haben die Möglichkeit, den Graben zu überbrücken, indem wir die Stille nutzen, Vergebung gewähren, Kraft tanken und auf Menschen zugehen. Es gibt wohl keine tröstlicheren Worte als diese:

Ihr dürft sicher sein: Ich bin immer und überall bei euch, bis an das Ende dieser Welt! (Matthäus 28,20 b Hoffnung für alle)[18]

18 Zur weiteren Auseinandersetzung mit dem Thema »Einsamkeit« siehe Müller, Harry, *Schwierigkeiten sind Möglichkeiten.* Hänssler, Neuhausen, 1992, S. 101-114.

AUGEN AUF UND DURCH

Sucher:

Möglicherweise gehörst du zu der Sorte Mensch, deren Leben so ausgefüllt ist, dass sie gar keine Zeit haben, einsam zu sein. Angst vor Einsamkeit ist nicht dein Problem. Oder vielleicht doch? Ständig beschäftigt zu sein kann zur Sucht werden, auf die wir stolz sind, die wir sogar noch fördern und die es uns erlaubt, wichtige Lebensfragen auf Eis zu legen. Endstation Leerlauf – und der hat seinen Ursprung letztlich in der Isolierung des Menschen von Gott. Wer diesen Faktor unberücksichtigt lässt, gerät früher oder später in »höllische« Einsamkeit. Zur heilsamen Vorbeugung: Setze dich diese Woche mit Lukas 16,19-31 auseinander.

Insider:

Es wird in unserem Leben immer Zeiten geben, in denen wir allein sind und uns einsam fühlen. Wir werden allein geboren, wir sind meist allein in der Krankheit, werden allein operiert, bekommen allein unsere Kinder, und wir sterben meist alleine. Ob wir in diesen Situationen auch Einsamkeit *empfinden,* hängt weitgehend davon ab, welche Lebenseinstellung wir haben. Ob wir uns zurückziehen und selbst bemitleiden oder uns anderen Menschen gegenüber öffnen, ist unsere eigene Entscheidung. Frage an dich: Wie gehst du mit Lebensphasen um, wo du dir verlassen vorkommst? Was hat dir bei der Bewältigung geholfen?

Für die Kleingruppe: Lies Lukas 2,36-38.
- Hanna ist eine von mehreren weiblichen Propheten in der Bibel, siehe 2. Mose 15,20; Richter 4,4; 2. Könige 22,14. Was haben diese Frauen gemeinsam?
- Lukas erwähnt, dass Hanna in Israel geboren und aufgewachsen war. Warum ist diese Abstammung wohl wichtig? Vgl. Lukas 2,25-26 mit 5. Mose 19,15b.

- Hanna hatte als junge Frau einen großen Verlust erlitten. Wie wurde ihr Leben dadurch beeinflusst? Vgl. Lukas 9,62.
- Versuche, zwischen den Zeilen zu lesen: Wenn Hanna 84 Jahre lang Witwe war, wie alt wurde sie? Wie hat sie sich, alleinstehend, über Wasser gehalten? Siehe Lukas 21,1-4. Welches ist deine Erklärung dafür, dass sie trotz der Einsamkeit nicht verbittert wurde?
- Wie wird Hannas Beziehung zu Gott beschrieben? Ist die Aussage in Lukas 2,37b wörtlich zu verstehen? Wie hätte sie überlebt bei Dauerfasten? (Hyperbolischer Sprachgebrauch)
- Vergleiche die Hanna in Lukas 2 mit der Hanna in 1. Samuel 1. Nenne einige Parallelen und Kontraste.
- Welches Vorrecht genoss die Prophetin, und wie hat sie darauf reagiert? Vgl. Lukas 2,38.
- Was lässt sich aus dem Leben dieser Witwe lernen über den Umgang mit Einsamkeit?

8. ANGST VOR HINGABE

Philipper 2,4-9

Jahrelang war Admiral Hayman Rickover Kommandant der amerikanischen Atomflotte. Als oberster Befehlshaber war er bekannt für die hohen Ansprüche, die er an seine Untergebenen stellte. Jeder Offizier an Bord eines Atom-U-Bootes wurde vom Admiral persönlich interviewt und geprüft. Wer ein solches Gespräch über sich ergehen lassen musste, wurde meistens ziemlich eingeschüchtert. So erging es dem späteren Präsidenten Jimmy Carter, als er vor Jahren bei der U-Boot-Flotte in den Dienst treten wollte. Hier ist sein Bericht über das Gespräch:

> Ich hatte mich für das Atom-U-Boot-Programm gemeldet, und Admiral Rickover interviewte mich für diese Arbeit. Ich traf diesen Mann zum ersten Mal. Wir saßen alleine in einem großen Raum, und er überließ die Wahl der Themen völlig mir. Mit großer Sorgfalt wählte ich diejenigen, über die ich am meisten wusste: die letzten Ereignisse, die Seemannskunst, Musik, Literatur, verschiedene Taktiken auf See, Elektronik, das Geschützwesen, und er begann mir nach und nach Fragen zu stellen, die immer schwieriger zu beantworten waren. Was auch immer ich antippte: jedesmal fand er schnell heraus, dass ich über das, wovon ich sprach, nur wenig wusste. Er schaute mir immer gerade in die Augen und lächelte nie. Der kalte Schweiß trat mir aus allen Poren.
>
> Am Ende stellte er mir eine Frage, bei der ich dachte, mich wieder ins rechte Licht rücken zu können. Er sagte: »Welchen Rang hatten Sie in Ihrer Klasse bei der Marineakademie?« Da ich bereits das zweite Jahr an der technischen Schule in Georgia absolviert hatte, bevor ich in Annapolis begann, und daher sehr gut abgeschlossen hatte, schwoll mir die Brust vor Stolz: »Admiral Rickover, ich war der 59. von 820!« Dann lehnte ich mich zurück und wartete auf seine Glückwünsche, die jedoch ausblieben. Stattdessen stellte er mir die Frage: »Haben Sie Ihr Bestes gegeben?« Ich wollte gerade »ja« sagen, als ich mich daran erinnerte, wer mir diese Frage stellte, und musste an viele Gelegenheiten in der Akademie denken, wo ich viel

> mehr über Alliierte, über unsere Feinde, Waffen, Strategien usw. hätte lernen können. Ich war auch nur ein Mensch. Schließlich schluckte ich und sagte: »Nein, Admiral, ich habe nicht immer mein Bestes gegeben.« Er schaute mich eine ganze Weile an und schwenkte dann in seinem Sessel herum, um so das Interview zu beenden. Er stellte eine abschließende Frage, die ich niemals vergessen habe und auch niemals beantworten konnte. Er fragte: »Warum nicht?« Ich saß dort eine Zeit lang zutiefst getroffen und verließ dann langsam den Raum.[1]

Die gestellte Frage hat den Ex-Präsidenten für den Rest seines Lebens geprägt – so sehr, dass er später darüber sogar ein Buch schrieb. Egal, ob vom militärischen oder kommerziellen Bereich die Rede ist, wer konkurrenzfähig bleiben will, kann sich keine Nachlässigkeit leisten. Auf der Kaderebene wird in allen Sparten ein hohes Leistungsniveau gefordert.

Im religiösen Bereich jedoch sieht das oft anders aus. Da geben wir uns mit Halbheiten und Oberflächlichkeit zufrieden. Wir schrecken davor zurück, in den Dingen des Glaubens mit derselben Konsequenz zu handeln, wie wir das in den beruflichen Dingen tun. Wenn es darum geht, darüber nachzudenken, welche Erwartungen Gott an sein Volk hat, beschleicht uns eine diffuse Angst, er könnte etwas von uns fordern, das wir nicht erfüllen können oder wollen. Die Frage an entschiedene Christen ist angebracht: »Warum geben wir dem, der sein Bestes für uns hergab, nicht auch unser Bestes?«

Zurück zum Absender

Bevor wir über das Leben *mit Gott* reden, muss klar sein, wie man überhaupt den Weg *zu Gott* findet. Viele Menschen können sich mit Christus nicht identifizieren, weil sie ein einseitiges Bild von ihm haben oder weil ihre Vorurteile sie daran hindern. Manche unserer Zeitgenossen wollen sich pro forma ein

1 Polmar, Norman und Allen, Thomas. *Rickover: Controversy and Genius.* Simon & Schuster, New York, 1982, S. 267.

Restchristentum bewahren, glauben aber, dass man nicht konsequent denken und gleichzeitig ehrlich Christ sein kann. Andere gehen noch einen Schritt weiter und behaupten, Jesus sei unter einem Berg von Märchen und Legenden begraben, das Christentum sei eine Religion aus Angstmacherei und heuchlerischer Arroganz.

> Ich will kritisieren und kritisiert werden. Der Glaube konstituiert jedoch eine Grundhaltung der Kritiklosigkeit gegenüber dem »göttlichen« Willen und fordert meine Unterordnung unter dessen »unerforschlichen« Sinn. Das ist eine Form der spirituellen Vergewaltigung. Ich muss das Recht haben, mich dagegen zu wehren. Ich interpretiere dieses Recht als Pflicht.[2]

Wer dem Gott der Bibel eine radikale Absage erteilt hat, weil er seinen Willen als »geistliche Vergewaltigung« interpretiert, dem habe ich nichts weiter zu sagen.[3]

Uns geht es vielmehr um Menschen, die meinen, nicht glauben zu können, weil sie Angst haben vor den Folgen dieser Entscheidung. Leute, die einem Missverständnis aufgesessen sind und den Inhalt der frohen Botschaft vielleicht nicht wirklich verstanden haben.

Was meinte Christus, als er zu Nikodemus sagte: *»Ich versichere dir: nur wer von neuem geboren ist, wird Gottes neue Welt zu sehen bekommen« (Johannes 3,3 b)?*

Das griechische Wort, das mit »von neuem« übersetzt wird, bedeutet zweierlei: Es kann heißen »zum zweitenmal« oder »von oben her, von Gott her«. Beides ist richtig. »Von neuem geboren werden« beschreibt einen so radikalen Wandel, dass dieser Vorgang mit einer Geburt verglichen wird. Wenn ein Mensch die gute Nachricht wirklich kapiert und akzeptiert hat, dann vollzieht sich an ihm etwas, was nur als Neuschöpfung zu bezeichnen ist. Bei diesem ganzen Prozess handelt es sich aber

2 Deschner, Karlheinz. *Woran ich glaube.* Heyne, München, 1990, S. 62. Zitat von Ernest Bornemann.

3 Nicht, weil es nichts zu sagen gäbe, sondern weil wir an anderer Stelle die Frage der Apologetik bereits behandelt haben. Siehe Müller, Harry, *Spurwechsel im Brennpunkt.* Hänssler, Neuhausen, 1993.

nicht um eine menschliche Leistung, sondern um die unverdiente Gnade Gottes. Wer sich ehrlich zu Gott hinwendet und Jesus Christus als seinen persönlichen Erlöser annimmt, dem wird neues Leben *geschenkt.* Bei dieser Transaktion ist Gott der Gebende, wir sind die Empfangenden.[4]

Bekehrung bedeutet also keineswegs, Gott irgendetwas zu versprechen, das nachher sowieso nicht eingehalten werden kann. Bekehrung im biblischen Sinne ist ein Gesinnungswandel: Ich erkenne mein eigenes Defizit und bejahe das Angebot der Vergebung durch Christus. Diesen entscheidenden Schritt aufzuschieben aus Angst davor, was Gott danach in meinem Leben verändern könnte, ist Torheit. Gnade nützt nichts, wenn man sie nicht nutzt!

Vorschlag: Wie wäre es, wenn du jetzt reinen Tisch machen und mit Gott reden würdest: »Jesus Christus, ich habe lange genug gewartet, ich lehne es ab, weiter von meiner Angst blockiert zu werden. Egal, was du mit mir nachher vorhast, ich lasse mich nicht davon abhalten, dir hier und jetzt mein uneingeschränktes Vertrauen zu schenken.«

Alles weitere, was nun folgt, richtet sich an jene von uns, die nicht mehr Sucher sind, sondern ihre Hinwendung zu Christus bewusst vollzogen haben.

INS MARK GETROFFEN

Man muss nicht lange mit einem Menschen zusammen sein, um festzustellen, was ihm wichtig ist. Wofür ein Herz schlägt, lässt sich aus den Äußerungen schnell feststellen. Unsere Interessen und unser Engagement in irgendeinem Bereich zeigen immer Auswirkungen:

4 Vgl. Johannes 1,12-13.

1. Was mir wichtig ist, demonstriert mein Wertsystem

Italiens bekanntester Unternehmer, Fiat-Chef Giovanni Agnelli, wurde über seine Zukunftspläne befragt, nachdem er sein Amt als Fiat-Präsident abgegeben hatte:

> **Spiegel:** Herr Agnelli, jetzt, da Sie Zeit und Muße haben, könnten Sie doch König von Italien werden oder zumindest Premier; die meisten Ihrer Landsleute würden das begrüßen.
> **Agnelli:** Ich habe weder Zeit noch Muße. Mein Leben ist Fiat, und das wird so bleiben, solange ich lebe.[5]

Der Big-Boss steht ehrlich dazu: »Mein Leben ist Fiat.« Autos waren für ihn sein Leben lang das Wichtigste. Frage an dich: Was ist dir wichtig? Das, wofür du Zeit, Geld und Energie investierst! Jeder von uns muss Entscheidungen treffen, und wie wir wählen, zeigt, was wir wertschätzen. Christus warnt im Matthäusevangelium:

> *Niemand kann gleichzeitig zwei Herren dienen. (Matthäus 6,24 Hoffnung für alle)*

Unsere Hingabe sagt auch etwas aus über die eigene Persönlichkeit.

2. Was mir wichtig ist, prägt mein Verhalten

Menschen werden zu dem, was ihnen viel bedeutet. Unsere Gedanken und Gewohnheiten beeinflussen unsere Handlungsweise. Wenn mir Ehre und Ansehen wichtig ist, so wird Ehrgeiz mein Verhalten bestimmen. Wenn mir Geld und Besitz wichtig ist, so wird Habgier meinen Lebensstil formen. Aus diesem Grund sagt Salomo:

> *Mehr als auf alles andere achte auf deine Gedanken, denn sie bestimmen dein Leben. (Sprüche 4,23)*

5 Spiegel 14/1996, S. 126, »Ich habe es genossen.«

3. Was mir wichtig ist, beeinflusst meine Zukunft

> Wir feierten 20 Jahre nach dem Schulabschluss in einem Hotel, in dem am selben Abend eine andere Klasse ihr zehnjähriges Treffen beging. Als meine Freundinnen und ich uns im Waschraum unterhielten, kamen ein paar Frauen herein. Sie starrten uns so an, dass uns unbehaglich wurde, darum sprachen wir sie an. »Beachten Sie uns bitte gar nicht«, erwiderte die eine. »Wir wollten bloß sehen, wie wir in zehn Jahren aussehen werden.«[6]

Jedesmal wenn wir eine Entscheidung fällen, hat das Auswirkungen. Selbst kleine Entschlüsse haben langfristige Folgen. Wir unterschätzen diese Tatsache oft und denken nur an den Moment. Weise Leute wählen ihre Interessen und Investitionen sorgfältig, weil sie erkennen, dass dadurch ihre Zukunft bestimmt wird.

> *Was hat ein Mensch davon, wenn er die ganze Welt gewinnt, aber zuletzt sein Leben verliert? Womit will er es dann zurückkaufen? (Markus 8,36)*

MANCHE MÖGEN'S LAU

Angst vor Verbindlichkeit ist eine Zeiterscheinung. Für die Generation X ist schon das Wort »verbindlich« fast obszön. Yuppies wollen sich auf nichts langfristig verpflichten. Es lohnt sich, darüber nachzudenken, weshalb wir uns fürchten, Verpflichtungen einzugehen. Viele persönliche Gründe sind denkbar; die folgenden drei sind lediglich eine Auswahl.

1. Negative Erfahrungen

> Tust du etwas nur, weil du glaubst, ein anderer Narr erwarte von dir, dass du es tust, und erwartet der andere, dass du es tust, weil er denkt, du erwartest von ihm, dass er von dir erwar-

6 Das Beste, 4/1995, S. 29, »Menschen wie du und ich«, Sondra Olivieri.

> tet, dass du es tust, dann tut am Ende jeder, was keiner von ihm verlangt, und das ist in meinen Augen eine höchst alberne Situation. (G. B. Shaw)

Negative Erfahrungen mögen noch so albern sein, Tatsache ist, dass uns solche Erlebnisse für lange Zeit blockieren können. Enttäuschungen in der Familie, in der Gemeinde, im Geschäft, mit Freunden nehmen wir als Anlass, die Tür zuzuschlagen. Gebrannte Kinder scheuen das Feuer. Aber sachlich betrachtet ist es unweise, keine Verpflichtungen mehr einzugehen, bloß weil sich jemand in der Vergangenheit falsch verhalten hat. Schwierigkeiten können auch da Gelegenheiten zum Lernen sein.

2. Selbstzweifel

> *Ein Mann mit geteiltem Herzen ist unbeständig in allen seinen Wegen. (Jakobus 1,8 Schlachter)*

Der »Mann mit geteiltem Herzen« wird in der Luther-Bibel als »Zweifler« bezeichnet. Der Begriff *dipsychos* bedeutet wörtlich »ein Mann mit zwei Seelen«.[7] Die innere Einstellung des Wankelmütigen macht ihn unzuverlässig »in allen seinen Wegen«. Zweifler sehen sich oft als Opfer der Umstände und entschuldigen sich dadurch vor jedem Engagement.

3. Unabhängigkeit

Wir Schweizer sind ein Volk, das den Individualismus verherrlicht: »Ich muss tun, was für mich am besten ist, mein Ziel ist Selbstverwirklichung.« Frage: Gibt es in deinem Streben nach Autonomie auch Platz für andere Leute? Keiner von uns lebt

7 Wird so übertragen in der Einheitsübersetzung. Dasselbe Wort erscheint nur hier und in Jakobus 4,8.

auf einer Insel; was für dich am besten ist, betrifft irgendwo auch andere Menschen.
Manche von uns schützen weitere Gründe vor, weshalb sie ihr Christentum nicht verbindlich leben können. Aber im Endeffekt bleiben diese Erklärungen das, was sie sind: billige Entschuldigungen. Ich verpflichte mich nicht für eine Gemeinde, ich verpflichte mich nicht für eine Kleingruppe, ich verpflichte mich nicht für eine Dienstgruppe, ich will mir alle Türen offen lassen. Pass auf! Es könnte die Zeit kommen, wo du plötzlich im Durchzug stehst!

DIE RUHIGE KRAFT

> Wer sein Leben so einrichtet, dass er niemals auf die Schnauze fallen kann, der darf nur auf dem Bauch kriechen. (Heinz Riesenhuber, Ex-Bundesforschungsminister)

Die Angst vor Hingabe entspringt oft unserer tiefsitzenden Bequemlichkeit. Es ist ja so viel einfacher, in der angenehmen Komfortzone zu verharren, als das Risiko einzugehen, Neuland zu betreten. Wie überwinden wir die Angst, für Gott etwas zu wagen? Was kann ich tun, um meine Furcht zu handeln loszuwerden?

1. Bitte um Weisheit

Es gibt so viele konkurrierende Angebote, die unsere Aufmerksamkeit erheischen. Jeder von uns kann Zeit, Geld, Gaben und Energie in Projekte investieren, die es letztlich nicht wert sind. Weisheit ist nötig, um vor dummen Entschlüssen bewahrt zu bleiben. Bitte Gott bei deiner Wahl um kluges Vorgehen:

> *Falls jemand von euch nicht weiß, was der Wille Gottes in einer bestimmten Sache ist, soll er um Weisheit bitten. Ihr wisst doch, wie reich Gott jeden beschenkt und wie gern er allen hilft. (Jakobus 1,5 Hoffnung für alle)*

Weisheit ist mehr als nur die angehäufte Kenntnis von Fakten. Praktische Einsicht beginnt mit der Erkenntnis Gottes.[8] Er ist willig und bereit, dir Weisheit zu geben, weil er weiß, dass dadurch dein Wertesystem gefestigt, dein Charakter geprägt und deine Zukunft bestimmt wird. Jakobus sagt, Gott beschenkt *jeden*. Weisheit ist nicht das exklusive Vorrecht einer kleinen Elite; jeder kann darum bitten, und die Bitte ist berechtigt durch die Tatsache, dass Gott »gern hilft«. Er lässt uns nicht einfach im Regen stehen. Bei gewichtigen Entscheidungen sollten wir daher das Gespräch mit Gott suchen. Bevor du eine verbindliche Beziehung eingehst, eine größere finanzielle Investition tätigst, einen Stellen- oder Wohnortwechsel planst, eine teure Ausbildung beginnst oder eine längerfristige Verantwortung übernimmst, bitte Gott um Weisheit und konsultiere Leute, deren Urteil du respektierst!

> *Ein kluger Mensch denkt stets daran, mehr Einsicht zu gewinnen ... Wenn du klug und erfahren wirst, hast du selber den Nutzen davon. (Sprüche 17,24 a; 9,12 a)*

2. Prüfe Aufwand und Ertrag

Um unsere Angst vor der Auslieferung an Gott zu überwinden, lohnt es sich, eine Kosten-Nutzen-Rechnung aufzustellen. Wenn du einen Auftrag übernimmst, frage dich selbst: Ist der Ertrag größer als die Investition? Eine solche Überlegungsweise ist berechtigt; es ist nicht verboten, auch da gesunden Menschenverstand zu gebrauchen, im Gegenteil.[9] Mit jeder Aufgabe ist ein Aufwand und ein Resultat verbunden. Christus hat klargemacht: Wer sein Angebot annimmt, dem wird Vergebung garantiert und ewiges Leben zugesichert. Erlösung ist für uns kein Aufwand, sondern ein Geschenk. Jüngerschaft und Hingabe jedoch erfordern einen Preis. Christus hat auch da keine Zweifel offen gelassen. Zu seinen Jüngern sagte er:

8 Vgl. Sprüche 1,2-4; 2,10-15; 4,5-9; 9,10-12; 1. Könige 3,9-12; Jakobus 3,17-18.

9 Siehe Lukas 14,28.

Wenn jemand mir nachkommen will, der verleugne sich selbst und nehme sein Kreuz auf und folge mir nach. (Matthäus 16,24 Elberfelder)

Was ist gemeint mit Selbstverleugnung? Nichts anderes als die Anerkennung von Gottes Herrschaft über mein Leben, der feste Entschluss, mich von ihm führen zu lassen.[10] Wie sind die Worte »sein Kreuz auf sich nehmen« zu verstehen? Das Kreuz war damals ein Instrument des Todes, und hier symbolisiert es die Notwendigkeit einer vorbehaltlosen Verpflichtung, die Bereitschaft, bestimmte Opfer auf sich zu nehmen. Lukas ergänzt den Text mit einem kleinen, aber wichtigen Zusatz:

Wer mein Jünger sein will, der verleugne sich selbst, nehme täglich sein Kreuz auf sich und folge mir nach. (Lukas 9,23 Einheitsübersetzung)

Nicht einige wenige, spontane Anwallungen von Opferbereitschaft sind gefragt, sondern eine tägliche Einstellung, die Gott ernst nimmt.[11] Ein Schritt mit solcher Tragweite muss gut überdacht sein, doch wenn du den Preis der Nachfolge vergleichst mit dem Profit, der daraus resultiert, dann besteht gar keine Frage, dass sich der Aufwand in jeder Hinsicht lohnt und unsere Ängste keineswegs berechtigt sind. Als Christen empfangen wir weit mehr, als wir je um unseres Christseins willen aufgegeben haben. Nicht materielle Güter sind es, die wir bekommen, sondern eine neue Gemeinschaft mit Gott und seinem Volk.[12]

10 Es ist falsch, einen Widerspruch zu sehen zwischen der Selbstbejahung und der christlichen Selbstverleugnung. Der Wille Gottes für uns umfasst beide Aspekte. Wer sich seiner Wegweisung unterstellt, dem gelingt es, beides harmonisch zu vereinen.

11 Das Thema ist so wichtig, dass Christus immer wieder darauf hingewiesen hat. Vgl. Matthäus 10,37-39; Markus 8,34-37; Lukas 14,25-27; 17,33; Johannes 12,25.

12 Siehe Matthäus 19,27-29.

> Franzciszek Gajowniczek wurde als polnischer Offizier 1939 ins Konzentrationslager Auschwitz gebracht. Als einem KZ-Insassen die Flucht aus dem Lager gelang, wurde er zusammen mit neun anderen zum Tod durch Verhungern verurteilt, in einer Untergrundzelle, die als »Hungerbunker« bekannt war. Als Gajowniczek um Barmherzigkeit bat wegen seiner Frau und seinen Kindern, anerbot sich der Franziskanermönch Maksymilian Kolbe, seinen Platz im Bunker einzunehmen. Kolbe hat in dem Kellerverlies zehn Tage überlebt und ermutigte die anderen verurteilten Männer während dieser Zeit mit Gebeten. Am Ende wurde er zusammen mit drei seiner Leidensgefährten durch eine Injektion getötet. Gajowniczek überlebte fünf Jahre im KZ und widmete danach, bis zu seinem Tod im März 1995, den größten Teil seines Lebens dem Andenken an Kolbe. In seinem Namen gründete er verschiedene Gemeinden.[13]

Die Hingabe des Franziskaners kostete ihn einen hohen Preis, aber sie hat das Leben von vielen Menschen bleibend verändert.

Unsere Angst vor der uneingeschränkten Hingabe an Gott lässt sich durch die Bitte um Weisheit und durch das Überdenken der bleibenden Früchte in die richtige Perspektive rücken. Noch ein dritter Gedanke:

3. Vertraue zuversichtlich

In einer Welt, die sich fast ausschließlich an Zählbarem und Kaufbarem orientiert, haben wir als Christen unsere liebe Mühe, Gott zu vertrauen für Dinge, die wir mit vergänglichen Augen nicht sehen können. Mit dem Begriff »vertrauen« verbinden wir gewöhnlich eine passive Einstellung. »Du musst einfach vertrauen« – das heißt, nichts tun, abwarten und Tee trinken. Irrtum! Sich Gott in den Entscheidungen des Alltages zuzuwenden, ist eine aktive »Handlung«. David schreibt:

13 Time Magazine, 27. 3. 1995, S. 25, »Milestones.«

Vertrau dich dem Herrn an und sorge dich nicht um deine Zukunft! Überlass sie Gott, er wird es richtig machen. (Psalm 37,5 Hoffnung für alle)

Das Wort »vertrauen« hat die buchstäbliche Bedeutung von »rollen« oder »abwälzen«.[14] Meine Ängste werde ich nicht los, indem ich die Hände in den Schoß lege. Angstbürden sollen wir bewusst auf unseren Gott abwälzen. Sie ihm täglich neu zu übergeben macht uns innerlich ruhig.
Das ist eine tröstliche Feststellung: Gott überfordert seine Kinder niemals! Er verlangt von mir wohl Verbindlichkeit in meinem Leben als Christ, aber er gibt auch gleichzeitig die Kraft dazu:

Ihr seid gerettet, und das soll sich an eurem Leben zeigen. Deshalb lebt nun auch in Ehrfurcht vor Gott und in ganzer Hingabe an ihn. Er selbst bewirkt ja beides in euch: den guten Willen und die Kraft, ihn auch auszuführen. (Philipper 2,12 b-13 Hoffnung für alle)

Gott erwartet von seinen Leuten eine »ganze Hingabe«. Christen, die behaupten, sie könnten sich zu nichts verpflichten, bis sie reif genug seien, bleiben wohl immer unreif. Wachstum im Glauben geschieht nicht, indem man auf Sonnenschein wartet, sondern indem man sich dem Risiko des Gehorsams aussetzt. Unsere Aufgabe ist die vertrauensvolle Hingabe – Gottes Aufgabe ist es, uns Kraft zu liefern, und genau das tut er: »Er selbst bewirkt ja beides in euch: den guten Willen und die Kraft, ihn auch auszuführen.«

Auf den Nenner gebracht:
Christus ist keine bequeme Person, auch heute nicht. Er fordert dich und mich zur Umkehr und zur Veränderung heraus. Das ist kein billiges Projekt, es fordert unter Umständen einen hohen Preis, aber es lohnt sich. Vielleicht bist du jahrelang ein Gelegenheits-Christ gewesen aus Angst davor, dass Gott in

14 Vgl. Josua 5,9.

deinem Leben bestimmte Veränderungen bewirken könnte. Bedenke: Es ist nie zu spät für einen Neuanfang. Es ist nie zu spät, um Gott zu sagen: »Ich will ab jetzt meinen Kompass auf dich ausrichten.«

Der Herr behält die ganze Erde im Auge,
damit er denen beistehen kann,
die ihm mit ungeteiltem Herzen vertrauen.
(2. Chronik 16,9 a)

Augen auf und durch

Sucher:

Inzwischen weißt du genügend Bescheid über die einleuchtenden Argumente für den christlichen Glauben. Warum dich weiterhin mit der alten Ein-Schritt-vorwärts-zwei-Schritte-rückwärts-Routine zufrieden geben? Ist es nicht an der Zeit, Gottes Gegenvorschlag zu allen kleinlichen Zweifeln anzunehmen? Sage nicht »Man müsste mal«, sondern »Ich werde jetzt!« Bei Gott, es lohnt sich!

Insider:

> Abwärtsmobilität ist nicht nur eine Sache davon, wie viel Geld wir fortgeben, sondern wie viel wir von uns selbst aufgeben, wie viel an Sünde und Ausschweifung unseres Lebens wir gewillt sind fortzureißen. Es ist eine Haltung, die von Charakterstärke gekennzeichnet ist. Und unser Charakter wächst nicht ohne Schmerzen. (Bill Hybels)

Diskutiere deine Meinung und eigene Erfahrung zu diesem Zitat. Wie verstehst du den Begriff »Abwärtsmobilität« und was heißt für dich »Selbstaufgabe«?

Lies diese Woche die folgenden Textstellen sorgfältig durch: Apostelgeschichte 18,1-4; 18,18-20; 18,24-26; Römer 16,3-5;

1. Korinther 16,19, und diskutiere in deiner Kleingruppe über die folgenden Fragen:

– Wer waren Priscilla und Aquila? Was lässt sich über dieses Ehepaar in Erfahrung bringen?
– Die beiden mussten aus Rom flüchten. Weshalb? Lies zwischen den Zeilen und stell dir vor, was sie alles zurückließen. Mehr als nur ihre Wohnung?
– Die Begegnung mit Paulus war kein Zufall. Priscilla und Aquila lernten viel vom Apostel (vgl. Apostelgeschichte 18,4), verbrachten Zeit mit ihm und wurden enge Freunde. Sie halfen ihm, die Gemeinde in Korinth zu gründen (Apostelgeschichte 18,7-11), und begleiteten ihn nach Ephesus. Dort ließ Paulus das Ehepaar zurück (Apostelgeschichte 18,19). Was war wohl der Grund, und was sagt das aus über die Hingabe der beiden? Siehe Römer 16,3-5.
– Studiere die Begegnung mit Apollos und besprich deine Beobachtungen im Lichte von 2. Timotheus 2,2.
– In welcher Hinsicht sind Priscilla und Aquila für dich ein Vorbild? Was wirst du tun, um ihrem Beispiel zu folgen?

Auf die Dauer hilft nur Power

Bevor du dieses Buch weglegst, eine kurze Frage: Ist der Glaube für dich immer noch nur Valium gegen die Existenzangst? Falls ja, dann wäre ein persönliches Gespräch mit einer Vertrauensperson sinnvoll. Die Hauptursache all unserer Ängste liegt letztlich in der Entfremdung von Gott, und wer sie überwinden will, kommt an Ihm nicht vorbei. Wage es, dich ansprechen zu lassen. Wenn du Fragen zu den aufgegriffenen Themen hast oder aus eigener Erfahrung berichten möchtest, würde es mich freuen, von dir zu hören.

Bitte schicke deine Post an:

Harry Müller
Postfach 455
CH-8047 Zürich

Ein kleiner Tip

Das Thema Angst beschäftigt jeden. Falls dir dieses Buch eine Hilfe war, empfiehl es bitte weiter. Vorschlag: Schenke deinem Pastor ein Exemplar und besprich mit ihm die Möglichkeit, in deiner Gemeinde eine Kleingruppe zu starten mit dem Ziel, während acht Wochen anhand dieses Leitfadens die einzelnen Themen zu diskutieren und die jeweiligen Projekte gemeinsam zu bearbeiten. Ich wünsche dir dabei eine ermutigende Erfahrung.

Kontaktadressen

Deutschland:

Beratungs- und Therapiezentrum
Schwarzwaldpark
Lauterbadstraße 39
72250 Freudenstadt
Tel. 07 44/19 29 0

Schweiz:

Schweizerische Gesellschaft
für Biblisch-Therapeutische Seelsorge
Ländli
CH-6315 Oberägeri
Tel. 041/754 99 69

hänssler

... WEITERE BÜCHER VON BESTSELLER-AUTOR
HARRY MÜLLER:

Mit Freude leben
Die Kunst, den Alltag zu bewältigen
Pb., 180 S., Nr. 393.318
ISBN 3-7751-3318-6

Es ist oft eine richtige Kunst, den Alltag gut unter die Füße zu bekommen – eine Kunst, die man einüben kann. Lesen Sie, wie Sie wieder »mit Freude leben« können! Themen u. a.:
- Wie gehe ich positiv mit meiner Energie um?
- Wieviel Beziehung braucht der Mensch?
- Alltags-Süchte – und die Sehnsucht, die dahinter steckt
- Gesprengte Fesseln – die Frage nach dem Lebensstil.

Zehn Kapitel, die Orientierung in einer orientierungslosen Zeit bieten und das Buch zu einem wertvollen Begleiter in den Herausforderungen des Alltags machen!

Bitte fragen Sie in Ihrer Buchhandlung nach diesem Buch! Oder schreiben Sie an den Hänssler Verlag, D-71087 Holzgerlingen.